아하! 그렇구나

초등 교양 지식 05

AI 시대의 초등 필수 교양

초등 AI 백과

: 스즈키 히데키 감수 김성훈 옮김

서사원주니어

들어가며

이 책을 읽는 어린이 친구들에게

여러분은 생성형 AI에 대해 어떤 인상이 있나요? 편리하다, 대단하다, 믿을 수 없다, 거짓말쟁이다. 또는 친구나 선생님 같다고 생각할 수도 있어요. 사실 모두 맞는 말입니다. 생성형 AI에게는 여러 가지 모습이 있거든요.

예를 들어, 여러분이 영어를 잘하고 싶어 한다고 상상해 보세요. 단어를 외우고 문법을 이해하는 것은 혼자서도 어느 정도 해낼 수 있을 거예요. 하지만 영어로 말을 하려면 꼭 필요한 것이 있습니다. 그건 바로 회화 연습이에요.

물론 학교에서도 회화 연습을 할 수 있지요. 하지만 아마 옆자리 친구도 영어를 아주 잘하지 않을 테니, 그다지 효과적이지 않을 거예요. 선생님과 연습할 수 있다면 좋겠지요. 그런데 선생님은 많은 아이들을 가르쳐야 하니, 한 사람한테만 신경을 쓸 수 없어요.

그럴 때, 생성형 AI는 아주 능숙한 영어로 여러분의 회화 연습을 도울 수 있습니다. 여러분이 실수해도 화내지 않고, 아무리 오래 연습해도 피곤해하지 않아요. 심지어 불평도 하지 않지요.

다른 예를 들어 보겠습니다. 학교 동아리 활동을 위해 포스터를 그려야 한다고 생각해 보세요. 동물 보호 동아리라고 상상해 볼까요? 포스터에 그림을 꼭 넣어야 하는데, 여러분은 그림을 못 그리는 거예요.

그럴 때, 생성형 AI에게 "남자아이와 여자아이 일러스트를 그려 줘. 장소는 토끼 사육장 앞이야. 남자아이는 토끼를 안고 있어. 여자아이는 남자아이가 안고 있는 토끼를 쓰다듬고 있어."라고 요청할 수 있어요. 생성형 AI는 눈 깜짝할 사이에 이렇게 멋진 일러스트를 그려 줍니다.

Image Creator로 생성

이처럼 생성형 AI에는 여러 가지 모습이 있습니다. 어떤 모습이 있는지 올바르게 이해하고 활용한다면, 생성형 AI는 여러분에게 없어서는 안 되는 단짝이 될 수 있어요.

이 책의 마지막 장을 덮을 때쯤에는 여러분이 생성형 AI를 능숙하게 활용할 수 있을 거예요.

초등학교 교사 **스즈키 히데키**

보호자님께

생성형 AI는 아이들의 잠재력을 키워줄 수 있는 도구입니다. 하지만 그렇게 되기 위해서는 아이들이 생성형 AI를 잘 알아야 합니다. 하고 싶은 일이나 해결하고 싶은 문제가 분명한 아이들은, 생성형 AI로 자신의 지식을 더 깊이 있게 만들 거예요.

이 책은 아이들이 생성형 AI를 올바르게 이해하고 지식을 넓혀가기를 바라며 만들었습니다. 보호자와 아이가 생성형 AI를 어떻게 다루는 게 좋을지 고민하며 함께 이 책을 읽어 주시면 좋겠습니다.

차례

CHAPTER 2

AI 자세히 알아보기

CHAPTER 3

생성형 AI의 비밀

CHAPTER 4

여러 가지 생성형 AI 써 보기

CHAPTER 5

생성형 AI 똑똑하게 쓰기

CHAPTER 6

미래를 바꾸는 AI

쉬는 시간

이 책에 자주 나오는 용어 읽는 법

- AI - 에이아이
- ChatGPT - 챗지피티
- Web - 웹
- Chapter - 챕터

일러두기

· 2025년 기준 기술 변화는 최대한 반영하려고 했습니다. 하지만 여러분이 쓰는 시점에는 생성형 AI의 화면이나 이용 방법이 바뀌었을 수 있으니 주의하세요.

· 이 책에서 소개하는 생성형 AI가 출력한 문장이나 이미지는 집필, 또는 번역된 시점에 생성한 결과입니다. 어떤 시점에, 누가, 어떻게 사용하는지에 따라 결과는 달라질 수 있다는 점을 이해해 주세요.

· 독자의 판단에 따라 이 책을 적절히 활용해 주세요. 감수자, 출판사 및 관계자는 활용 결과나 그로 인해 발생한 문제에 책임지지 않습니다.

· 이 책에서 사용된 회사명, 제품명, 서비스명 등은 일반적으로 각 회사의 상표 또는 등록상표, 상품명입니다. 이 책에서는 TM 마크, R 마크, © 마크는 생략했습니다.

학부모님께

모른다고 하지 마세요.
아이와 함께 배워 봅시다!

생성형 AI는 엄청난 속도로 발전하며 일상 속으로 퍼지고 있습니다. 매우 편리하고 다양한 가능성을 열어 주지요. 그러나 아직 발전 중이므로 안전하게 활용하기 위해 미리 알아둘 것이 있습니다.

아이와 생성형 AI를 이용할 때 주의할 점

- 생성형 AI 서비스마다 연령 제한 등의 가이드라인이 있으니, 확인 후 이용하세요. ChatGPT는 만 13세 미만의 경우 반드시 보호자와 함께 사용해야 합니다. 또, 13세 이상 18세 미만인 경우도 보호자의 동의가 필요합니다.
- 문장 생성, 이미지 생성, 음악 생성, 동영상 생성 등 다양한 기능의 생성형 AI 서비스가 등장하고 있습니다. 이 책에서는 주로 무료 서비스를 다루고 있습니다. 관심이 가는 서비스가 있다면 자녀와 함께 직접 이용해 보세요.
- 계정 등록이 필요한 서비스도 있습니다. 각 서비스 규정에 따라 계정을 생성하세요. 예를 들어, ChatGPT는 구글, 마이크로소프트, 애플 계정이나 다른 이메일 주소를 사용할 수 있어요.
- 생성형 AI를 이용할 때는 이름이나 주소와 같은 개인 정보나 공개되지 않은 정보를 입력하지 마세요. 생성형 AI는 입력된 정보를 학습하기 때문에 정보 유출로 이어질 수 있습니다. 만약 실수로 입력할 경우를 대비해, 자신이 입력한 정보를 학습하지 못하게 하는 '옵트아웃' 설정을 해 두면 좋습니다.

처음 만나기

생성형 AI로 무엇을 할 수 있을까?

AI는 요술 램프 같은 거야.

램프를 문지르면, 모든 것이 가능해져!

AI는 거대한 정보의 바다를 헤엄치면서,

바닷속에서 네가 원하는 보물을 찾아 주지.

AI는 네가 쓴 글을 살펴보고

틀린 부분을 고쳐 주거나,

아이디어를 더욱 재미있게 만드는 데 도움을 줘.

그리고 AI는 사람처럼 대화할 수 있어.

AI는 좋은 대화 상대야!

너에게 놀라움과 즐거움을 줄거야!

ChatGPT로 생성

대표적인 생성형 AI인 ChatGPT에게 생성형 AI로 무슨 일을 할 수 있는지 재미있게 설명해 달라고 해서 나온 답변입니다.

생성형 AI란...

컴퓨터나 태블릿, 스마트폰 등에서 쓸 수 있는 컴퓨터 프로그램입니다. "○○를 생각해 줘.", "△△를 써 줘."와 같은 지시에 따라 문장이나 그림 등 다양한 것을 생성해 낼 수 있습니다. 그래서 생성형 AI라고 불린답니다.

생성형 AI로 할 수 있는 일 ①

문장 생성

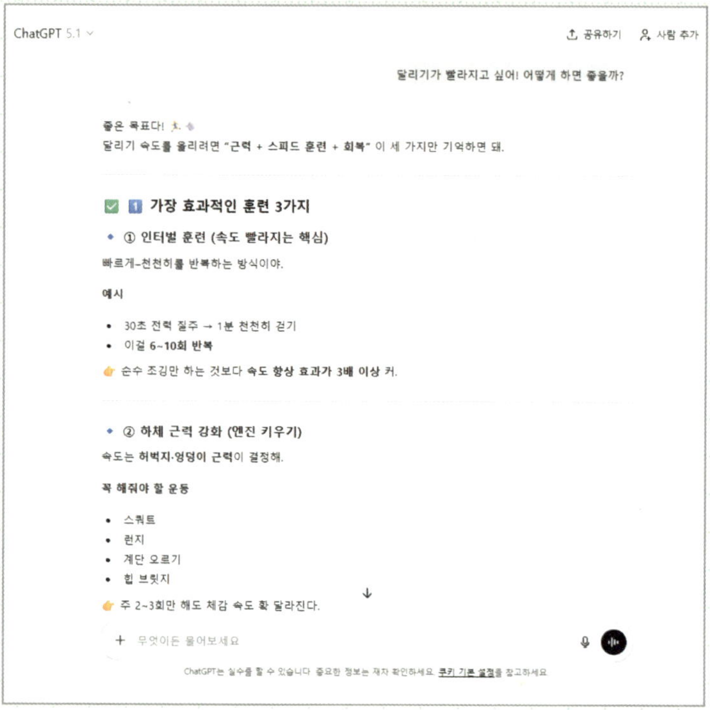
ChatGPT 5.1

공유하기 사람 추가

달리기가 빨라지고 싶어! 어떻게 하면 좋을까?

좋은 목표다! 🏃‍♂️💨
달리기 속도를 올리려면 **"근력 + 스피드 훈련 + 회복"** 이 세 가지만 기억하면 돼.

✅ 1️⃣ 가장 효과적인 훈련 3가지

🔹 ① 인터벌 훈련 (속도 빨라지는 핵심)

빠르게–천천히를 반복하는 방식이야.

예시

- 30초 전력 질주 → 1분 천천히 걷기
- 이걸 **6~10회 반복**

👉 순수 조깅만 하는 것보다 **속도 향상 효과가 3배 이상** 커.

🔹 ② 하체 근력 강화 (엔진 키우기)

속도는 **허벅지·엉덩이 근력**이 결정해.

꼭 해줘야 할 운동

- 스쿼트
- 런지
- 계단 오르기
- 힙 브릿지

👉 주 2~3회만 해도 체감 속도 확 달라진다.

무엇이든 물어보세요

ChatGPT는 실수를 할 수 있습니다. 중요한 정보는 재차 확인하세요. 쿠키 기본 설정을 참고하세요.

ChatGPT로 생성

ChatGPT에 "달리기가 빨라지고 싶어. 어떻게 하면 좋을까?"라고 질문했습니다. 제안받은 훈련 방법 가운데 가장 효과적인 것을 골라 바로 따라 해 볼 수 있어요.

이런 일을 하는 생성형 AI

- ChatGPT(챗지피티)
- Copilot(코파일럿)
- Gemini(제미나이)

구체적으로 하는 일은 …

이야기와 시 창작

불꽃놀이 장면이 등장하는 이야기를 생각해 달라고 해 보세요. 생성형 AI는 이야기는 물론 시도 지을 수 있습니다.

아이디어 제안

모임에서 할 즐거운 활동에 대한 아이디어를 요청해 보세요. 생성형 AI를 활용하면 더욱 다양한 아이디어를 얻을 수 있습니다.

정보 수집

생성형 AI는 방대한 정보를 학습했습니다. 지식의 양으로 따지면 사람과 비교할 수 없을 정도예요.

대화

대화를 주고받으며 질문하거나 상담을 할 수 있습니다. 그래서 대화 기반 생성형 AI라고도 합니다.

심지어 이런 일도 …

프로그램 제작

컴퓨터를 작동시키려면 프로그램 코드가 필요합니다. 생성형 AI를 이용하면 프로그래밍 지식이 없는 사람도 코드를 생성할 수 있습니다.

번역

영어를 비롯한 다양한 언어로 번역할 수 있습니다. 다른 언어를 한국어로 번역하는 것도 가능해요. 전 세계 사람과 손쉽게 소통할 수 있게 됐습니다.

분석과 교정

설문 조사 결과를 바탕으로 경향을 분석할 수 있습니다. 또, 문장의 문법이 틀리거나 잘못된 글자가 없는지 교정할 수 있습니다.

이미지 생성

Image Creator로 생성

'용사와 드래곤이 싸우는 게임 화면'이라고 지시해서 생성한 이미지입니다. 그림을 못 그려도 자신의 생각을 이미지로 표현할 수 있습니다.

이런 일을 하는 생성형 AI

- Image Creator (이미지 크리에이터)
- Stable Diffusion (스테이블 디퓨전)
- Midjourney (미드저니)
- AI Picaso (AI 피카소)

구체적으로 하는 일은 …

다양한 그림 창작

'하품하는 강아지'와 같은 지시문으로 사진처럼 사실적인 이미지를 만들어 낼 수 있습니다. '공룡들의 운동회'처럼 실제로는 없는 상상 속 이미지도 생성할 수 있습니다.

캐릭터 생성

자신의 사진을 애니메이션 캐릭터나 유화 스타일 등 원하는 그림체로 변신시킬 수 있습니다.

생성형 AI로 할 수 있는 일 ③

음악 · 음성 생성

'AI 응원가'를 만들라고 지시해서
목소리가 들어간 노래를 만들었습니다.

Suno AI로 생성

구체적으로 하는 일은…

창작곡 생성

여러 장르의 창작 멜로디와 가사가 들어간 노래를 만들 수 있습니다.

음성 생성

글자로 된 데이터를 음성으로 변환하여, 사람이 읽는 것처럼 음성을 만들 수 있습니다.

동영상 생성

생성형 AI로 할 수 있는 일 ④

'창가에서 자라는 꽃의 스톱 모션 애니메이션'이라는 지시문으로 생성된 10초 분량의 동영상입니다.

OpenAI Sora의 쇼케이스 영상 중

구체적으로 하는 일은…

정지 이미지 영상화

사진 속 인물을 춤추게 하는 등, 정지된 이미지로 동영상을 생성할 수 있습니다.

문장으로 동영상 제작

문장으로 지시해서 동영상을 생성할 수 있습니다. 현재 개발이 진행 중인 기술입니다.

우리 함께 생성형 AI를 배워 봐요!

박사

강아지 로봇 AI독을 만들어낸
생성 AI 전문 연구자

진우

로봇 공학자가 꿈인
남자아이

아영

기계를 아주 좋아하는
활발한 여자아이

AI독

생성형 AI 기술을 내장한
강아지 로봇으로, 살짝 엉뚱한 성격

생성형 AI를 시작하기 전에 꼭 알아 둘 것

- 생성형 AI를 처음 접하거나, 13세 미만인 어린이는 어른과 함께 사용하세요.
- 이 책에서 소개하는 생성형 AI 서비스는 태블릿, 컴퓨터, 스마트폰 등 인터넷에 연결된 디지털 기기에서 사용할 수 있어요.
- 생성형 AI가 알려 준 내용을 그대로 숙제나 발표에 사용하면 안 돼요.
- 나 또는 친구의 주소, 전화번호 등 개인 정보를 생성형 AI에 입력하지 마세요.
- 이야기나 만화, 애니메이션 등 발표된 작품을 생성형 AI에 그대로 입력하지 마세요.
- 다른 사람을 차별하거나 상처 주는 말을 생성형 AI에 입력하지 마세요.

CHAPTER

1

ChatGPT 써 보기

1 ChatGPT로 문장을 생성해요

1 ChatGPT에게 지시하기

ChatGPT의 메인 화면입니다. 입력창에 직접 요청해 보세요.

① 질문이나 지시 입력

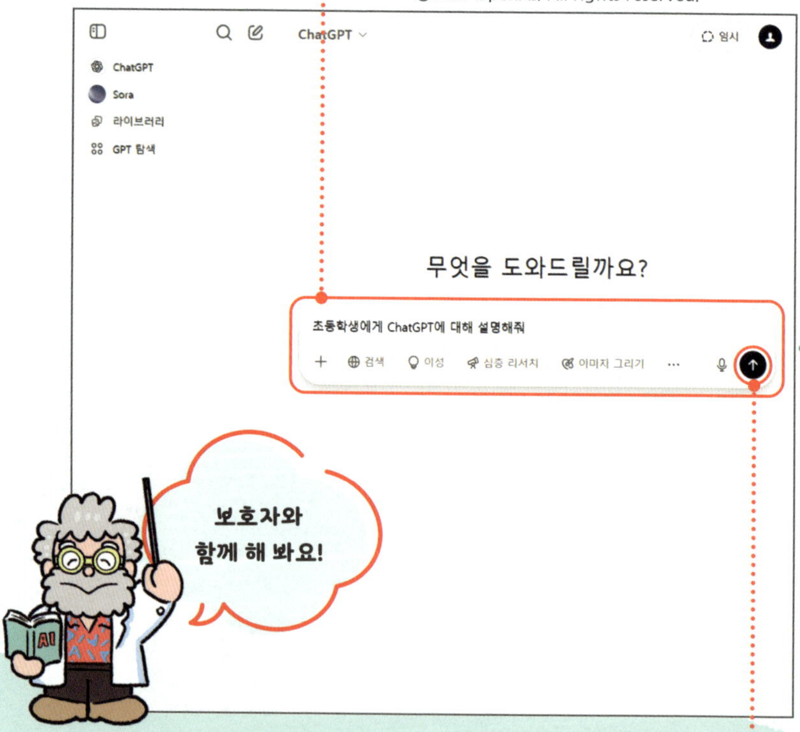

② 질문이나 지시를 AI에게 전달하는 화살표

질문이나 요청 사항을 입력해요

생성형 AI가 궁금하다면, 직접 사용해 보세요. 대화 기반 생성형 AI인 ChatGPT는 인터넷 브라우저에서 사용할 수 있어요. 태블릿이나 스마트폰에 익숙한 사람이라면, 손쉽게 이용할 수 있습니다. **입력창에 질문이나 원하는 작업 지시를 입력하기만 하면 됩니다.**

2 ChatGPT의 답변 확인하기

질문을 던지면 질문이 페이지 맨 위로 올라가고, 그 아래에 AI의 답변이 한 글자씩 생성됩니다. 돌아온 답변을 보고 다시 질문하며 대화를 이어갈 수 있어요.

2 초급 반려동물 이름을 지어요

나: 토이푸들을 키우게 됐어. 이름을 열 개 생각해 줘. 푹신푹신한 갈색 털을 가진 여자아이야.

첫 번째 응답

AI: 와, 귀여운 토이푸들을 키우게 됐다니, 정말 축하해!
푹신푹신한 갈색 털을 가진 토이푸들에게 어울리는 이름을 열 개 골라 봤어.

코코
몽실이
밤이
까미
솜이
츄비
보송이

원하는 느낌이 있으면 (예: 귀족 느낌, 동양풍, 유럽풍 등)
더 추천해 줄 수 있어!

ChatGPT로 생성

나의 새로운 가족, 반려동물 이름 아이디어를 요청했어요. 털 색깔이나 모양 등 특징을 함께 알려 주면 어울리는 이름을 제안해 줍니다.

여러 가지 아이디어를 제안해 줘요

생성형 AI는 새로운 아이디어를 내는 데 매우 능숙해요. 여러분이 갑자기 별명을 열 개 지어야 한다고 생각해 보세요. 바로 떠올리기는 어렵겠지요? 하지만 생성형 AI는 바로 알려 준답니다. 생성형 AI가 제안해 준 내용을 바탕으로 더 좋은 아이디어를 만들 수도 있습니다.

나

이 중에서 특히 오래 사이좋게 지낼 수 있을 것 같은 이름 세 개를 골라 줘. 이유도 알려 줘.

후보 좁히기

AI

특히 오래 사이좋게 지낼 수 있을 것 같은 이름 세 개와 이유야.

1. 봉실이
'몽실'이라는 말에는 부드럽고 따뜻한 느낌이 있어. 이름을 자연스럽게 다정한 말투로 부르게 될 테니까 강아지도 기분이 좋을 거야.

2. 밤이
밤은 하루 끝, 쉴 수 있는 편안한 시간이야. 밤하늘처럼 언제나 곁에 있는 존재가 될 느낌이야.

3. 코코
짧고 귀여운 발음이라, 이름을 부를수록 친근감이 생길 거야. 사람과 강아지 모두 친숙하게 느낄 수 있어.

ChatGPT로 생성

이유까지 자세하게 알려 주니 선택하기 쉬워졌어요. 이미지를 구체적으로 전달할수록 원하는 대답을 얻기 좋아요.

3

초급

가족 여행 계획을 세워요

나

여름 방학에 가족 여행을 갈 거야. 여행지 세 곳을 추천해 주고, 이유도 알려 줘. 엄마, 아빠, 초등학생 두 명이 갈 거고 다들 자연과 역사를 좋아해.

AI

첫 번째 응답

자연과 역사를 좋아하는 가족에 맞춰 골랐어. 초등학생도 함께하는 걸 고려해서 이동하기 힘들지 않고, 체험 활동이 풍부한 국내 여행지 세 곳을 추천할게.

1. 경주

신라 천 년의 고도로, 역사유적이 풍부해서 초등학교 교과서에서 본 내용을 실제로 체험할 수 있어. 불국사, 석굴암, 첨성대, 동궁과 월지 등 문화재가 잘 보전되어 있어.

2. 설악산&속초

산과 바다를 동시에 즐길 수 있는 곳으로, 자연을 좋아하는 가족에게 딱이야. 설악산 국립공원에서 가벼운 트레킹을 즐길 수 있어. (생략)

3. 제주도

우리나라에서 가장 특별한 자연환경! 한라산, 용암동굴, 오름 등 볼거리가 다양해. 성산일출봉 등 역사와 전통문화 체험도 가능해. (생략)

ChatGPT로 생성

요청한 대로 자연 경관이 뛰어나고 역사유적이 풍부한 여행지 세 곳을 제안했습니다. "기차를 타고 싶다", "수족관이나 바다에 가고 싶다" 등 더 구체적으로 요구할 수도 있어요.

여행지 추천부터 여행 계획까지!

조건에 맞는 여행지를 추천하거나, 여행 계획을 세우는 것도 ChatGPT에게는 식은 죽 먹기지요. **어디로 놀러 가면 좋을지 막막하더라도, 목적이나 취향만 알려 줘도 됩니다.** 여행 정보를 직접 다 찾을 필요가 없어요. 생성형 AI의 제안을 바탕으로 가족과 상의해 보세요.

나: 경주가 좋겠어. 하루 일정으로 역사, 자연, 유명한 관광지를 즐길 수 있는 여행 계획을 세워 줘.

계획 구체화하기

AI:

탁월한 선택이야! 하루 안에 역사 + 자연 + 유명 관광지를 알차게 체험할 수 있는, 초등학생 포함 가족 맞춤형 코스를 짰어.

경주 하루 여행 코스 (가족 추천)

08:30 불국사 도착

불국사: 세계문화유산, 신라 시대 불교 건축 대표!

주변 자연도 아름다워서 아침 산책 느낌으로 시작하기 좋아.

약 1시간 30분 관람

10:00 석굴암 (차로 10~15분 이동)

석굴암: 산 위에 있는 신비로운 석굴 사원. 유네스코 세계유산.

약간 오르막이지만, 산책하기 좋아.

약 1시간 관람

12:00 점심 (불국사 근처 식당가)

추천 메뉴: 경주 쌈밥 정식, 냉면, 전통 한식 등

아이들도 먹기 편한 반찬들이 많아.

ChatGPT로 생성

하루 일정의 경주 여행 계획이 완성됐어요. 맛집이나 기념품점 등 구체적인 정보는 나오지 않거나 최신 정보가 아닐 수 있어요. 이런 경우, '웹에서 검색' 아이콘을 누르고 질문해 보세요.

4 초급

자유 연구 주제를 정해 봐요

나: 방학 숙제로 할 자유 연구의 주제 아이디어 열 개가 필요해. 나는 초등학교 5학년이고, 자연과학 분야를 하고 싶어.

첫 번째 응답

AI: 방학 숙제 자유 연구 주제로 자연과학 분야라니 좋은 아이디어야!
초등학교 5학년에 맞는 자유 연구 주제를 소개할게.

1. 식물 성장 관찰
다른 조건(빛의 양, 물의 양, 토양 종류)에서 키운 식물의 성장을 관찰하고 어떤 조건이 가장 좋은지 조사한다.

2. 물 정화 실험
자연 소재(모래, 돌, 숯)를 사용해 물을 깨끗하게 만드는 필터를 만들고, 어느 소재가 가장 효과적인지 조사한다.

3. 수제 버터 만들기
생크림을 사용해 버터를 만들고, 물리적 변화에 대해 학습한다. 흔드는 속도나 시간에 따른 차이도 조사한다. (생략)

ChatGPT로 생성

다양한 아이디어가 나왔어요. '식물 성장 관찰'로 정하고 대화를 다시 이어가 봅시다.

AI와 대화하며 주제를 좁혀요

자유 연구 주제를 어떻게 정해야 할지 고민되나요? 이런 고민에도 생성형 AI는 기꺼이 답변해 줍니다. **단, AI가 생성한 문장이나 그림을 자기가 만든 것처럼, 그대로 제출해서는 안 됩니다(106쪽 참고).** 아이디어가 떠오르지 않아 막막할 때 도움을 받아 보세요.

나: 성장을 관찰하는 데 적합한 식물 이름과 그 이유를 알려 줘.

추가 정보 얻기

AI: **비교적 빠르게 성장해서 관찰하기 쉬운 식물을 추천해. 아래에 몇 가지 식물을 예로 들고, 각각의 이유도 설명할게.**

1. 콩류(예: 완두콩)
이유: 콩류는 발아가 빠르고 금방 싹이 트기 시작해서 성장 과정을 명확하게 관찰할 수 있습니다. 잎의 성장이 명료하여 아이들도 구분하기 쉽습니다.

2. 해바리기
이유: 해바라기는 성장이 빠르고 큰 꽃이 피기 때문에 관찰하기 즐겁습니다. 또한, 태양을 향해 꽃이 회전하는 모습을 관찰하기 좋으므로, 광합성을 배우기에 적합합니다.

3. 바질
이유: 바질은 실내에서도 쉽게 재배할 수 있고 성장이 빠르기 때문에 잎의 변화를 관찰할 수 있습니다. 또한, 자른 후에도 새로운 싹이 나오기 때문에 지속적인 재배 방법을 배울 수 있습니다. (생략)

해당 식물이 적합한 이유도 알려 줘서, 주제를 선택하기 쉬워졌어요.

ChatGPT로 생성

5

중급

내 마음을 담은 편지를 써요

나

네가 초등학교 5학년이라고 생각하고, 여름방학 때 가족과 다녀온 경주박물관에서 친절하게 설명해 주신 박물관 선생님께 감사 편지를 써 줘.

첫 번째 응답

AI

경주박물관 선생님께

언제나 신세지고 있습니다. 저는 이번 여름방학 때 가족과 함께 경주박물관에 다녀온 초등학교 5학년 ○○○입니다. 선생님 덕분에 즐거운 시간을 보낼 수 있었습니다.

박물관에서 본 전시물과 설명은 정말 흥미로웠고, 많은 것을 배울 수 있었습니다. 특히 경주의 역사와 문화에 대해 깊이 있게 알게 되어 무척 좋았습니다. 선생님의 따뜻한 열정 덕분에 많은 공부가 되었습니다.

이 편지를 통해 다시 한 번 감사 인사를 드립니다. 선생님 덕분에 멋진 경험을 했어요.

ChatGPT로 생성

대화를 여러 번 주고받으며 발전시켜요

정중한 편지를 쓰는 일이 어려울 수 있어요. 하지만 ChatGPT가 도와주면 쉽게 쓸 수 있습니다. **생성형 AI는 인간과 달리, 여러 번 질문해도 지치지 않습니다.** 만족스러운 결과가 나올 때까지 요청하세요.

나

불상에 대한 질문에 하나하나 친절하게 대답해 주셔서 정말 기뻤어. 그것도 편지에 꼭 넣어 줘.

AI

1차 수정

경주박물관 선생님께

언제나 신세지고 있습니다. 저는 이번 여름방학 때 가족과 함께 경주박물관에 다녀온 초등학교 5학년 ○○○입니다. 선생님 덕분에 즐거운 시간을 보낼 수 있었습니다.

박물관에서 본 전시물과 설명은 정말 흥미로웠고, 많은 것을 배울 수 있었습니다. 특히 불상에 대해 궁금했던 점들을 하나하나 친절하게 설명해 주신 일이 기억에 남습니다. 선생님의 따뜻한 열정 덕분에 많은 공부가 되었습니다.

이 편지를 통해 다시 한 번 감사 인사를 드립니다. 선생님 덕분에 멋진 경험을 했어요. 언젠가 또 뵐 수 있기를 기대하고 있어요!

계속

ChatGPT로 생성

편지에 구체적인 감상을 추가해서 수정했어요. 마음에 들지 않으면 몇 번이든 고칠 수 있어요.

나

조금 긴데, 두 줄 정도만 줄여 줘. 초등학교 5학년인데 "언제나 신세지고 있습니다." 같은 말을 쓰는 건 이상해.

AI

2차 수정

경주박물관 선생님께

안녕하세요! 저는 이번 여름방학 때 가족과 함께 경주박물관에 다녀온 초등학교 5학년 ○○○입니다.

박물관에서 본 전시물과 설명은 정말 흥미로웠고, 특히 불상에 대해 궁금했던 점들을 하나하나 친절하게 설명해 주신 일이 기억에 남습니다. 언젠가 꼭 다시 찾아가고 싶습니다.

끝으로, 경주박물관이 앞으로도 더욱 발전하고 많은 사람들에게 사랑받기를 기원합니다.

ChatGPT로 생성

세 번 대화를 주고받은 끝에, 이런 편지를 완성했습니다. 사실 ChatGPT 같은 대화 기반 생성형 AI는 같은 질문에 대해서도 매번 다른 답변을 만들어 냅니다. 원하는 대로 안 되면 처음 지시부터 다시 해 보는 것도 좋은 방법이에요.

뭐라고 대답할까?

따라 하기

생성형 AI 프롬프트 예시

처음에는 생성형 AI로 무엇을 할 수 있는지, 무엇을 시키면 좋을지 알기 어려울 거예요. 프롬프트(지시문) 예시를 참고해 보세요.

1. 친구를 기쁘게 할, 생일 축하 방법을 알려 줘!
2. 구름초등학교 홍보 문구를 생각해 줘. 산 위에 있는 학교이고, 농구부가 있어.
3. 쉬는 시간에 할 수수께끼 열 개를 생각해 줘. 주제는 학교생활이야.
4. 기운이 없어. 힘을 내려면 어떻게 해야 할까?
5. 수학이 너무 어려워. 어떻게 하면 수학을 잘할 수 있을까?
6. 초등학생이 생성형 AI를 이용해 사건을 해결하는 이야기를 만들어 줘.
7. 새로운 반에서 친구를 사귀려면 어떻게 해야 할까?

6

중급

독후감을 쓸 때 도움을 받아요

나

이야기의 줄거리를 200자 이내로 요약해 줘. (『장화와 홍련』 이야기를 입력)

AI

요약본 생성

옛날에 장화와 홍련이라는 자매가 살았어요. 두 아이의 엄마가 일찍 세상을 떠나자, 아버지는 새어머니 허 씨를 맞이했지요. 하지만 허 씨는 두 자매를 미워하며 몰래 괴롭혔어요. 장화가 결혼할 나이가 되자, 허 씨는 재산을 빼앗길까 두려워 장화를 해치는 계획을 꾸몄어요. 장화와 홍련은 억울하게 목숨을 잃지만, 결국 모든 진실이 밝혀져요.

ChatGPT로 생성

우리나라 전래동화 『장화와 홍련』의 텍스트를 입력한 뒤, 요약본을 생성했어요.

이야기를 요약해 줘요

이야기 내용을 짧게 요약한 것을 줄거리라고 합니다. 책 내용의 줄거리가 있으면 독후감을 쓸 때 도움이 되겠지요. ChatGPT에게 두 가지의 다른 지시를 해 볼 거예요. 두 가지 답변을 비교해 보세요. ChatGPT의 특징이 보일 거예요.

나

『장화와 홍련』 줄거리를 알려 줘.

AI

줄거리 생성

『장화와 홍련』은 한국의 현대 작가가 지은 창작동화입니다. 이야기의 주인공은 장화와 홍련, 그리고 그들의 남동생입니다. 이야기는 마음씨 착한 세 남매가 새어머니와 함께 살게 되면서 겪는 갈등으로 시작됩니다. 새어머니는 남매를 미워하지만, 아이들의 착한 행동을 보며 자꾸만 마음이 흔들리게 됩니다. 어느 날 큰 사건을 계기로 장화와 홍련은 큰 오해를 받고, 결국 집을 떠나 숲 속에서 지내게 됩니다. 그러나 시간이 지나면서 새어머니는 자신의 잘못을 깨닫고 아이들을 찾아가 진심으로 사과합니다. 장화와 홍련은 새어머니를 용서하고 다시 한 가족이 되어 살아갑니다. 이야기는 서로를 이해하고 용서하는 마음의 소중함을 전하는 결말로 마무리됩니다.

ChatGPT로 생성

『장화와 홍련』은 창작동화가 아닌데, 잘못 알려 주네요. 그리고 줄거리도 여러분이 알고 있는 이야기와 상당히 달라졌습니다. 사실 생성형 AI는 사실만 알려 주지 않습니다. 자세한 내용은 다음 챕터에서 함께 배워 봐요!

1 다양한 분야에 쓰이는 생성형 AI를 알아보자 !

만화 X 생성형 AI

생성형 AI를 사용하면 다양한 이미지를 만들 수 있습니다. 만화가 오자와 타카히로로부터 만화와 생성형 AI의 관계에 대해 들어봤습니다.

인터뷰

오자와 타카히로

· 2인조 만화팀
· 우메의 시나리오 담당
· 일본만화협회 상무이사
· 대표작은 『도쿄 토이박스』

만화가들은 어떤 생성형 AI를 사용하나요?

만화를 만드는 과정은 크게 세 단계로 나뉩니다. 설정이나 스토리를 생각하는 구상 단계, 어떤 장면을 그릴지 계획하는 콘티 단계, 콘티를 바탕으로 정식 원고를 그리는 작화 단계가 있어요. 이 중 생성형 AI를 쓸 수 있는 단계는 구상과 작화입니다.

구상 단계에서는 보통 편집자와 함께 아이디어를 다듬습니다. 저는 이 구상 단계에서 ChatGPT를 제2의 편집자처럼 활용해요. 또 작화 단계에서는 생성형 AI로 만든 이미지를 캐릭터나 로고, 디자인, 배경 자료로 활용해요.

만화를 만드는 과정

1. **구상** (AI 사용) — 설정과 스토리 만들기
2. **콘티** — 장면과 대사 생각하기
3. **작화** (AI 사용) — 콘티를 바탕으로 그림 그리기
4. **완성**

생성형 AI가 편집자 역할을 할 수 있나요?

혼자서 작업해야 할 때는 ChatGPT가 정말 유용합니다. 아직 막연하더라도, ChatGPT가 구체적인 질문을 던져 주고 그에 대한 답을 떠올리다 보면 점점 설정이 잡히더라고요.

그 외에도 ChatGPT에게 이름 짓는 걸 상담하기도 해요. 오른쪽 아래 이미지에 있는 건, 이야기 속에 등장하는 허가증 이름을 지을 때 ChatGPT와 주고받은 대화예요.

왼쪽 아래는 실제로 사용한 만화 컷입니다. 이 한 컷을 작업하려면 시간이 오래 걸리는데, 생성형 AI가 순식간에 다양한 아이디어를 제안해 줘서 도움이 많이 됐어요.

우메, 『남위 60도선의 약속』

새 연재용 프레임워크:
회의를 시작해 봅시다! 먼저 1화 오프닝 이미지부터 시작합니다. 이 장면은 이야기의 세계관과 톤을 설정하는 중요한 파트입니다. 어떤 장면으로 이야기를 시작하고 싶으신가요? 또, 그 장면이 표현하는 세계관과 톤에 대해서도 알려주세요.

나:
주인공들이 군대에게 쫓기고 있는 느낌

새 연재용 프레임워크:
주인공들이 군대에게 쫓기는 장면으로 이야기를 시작하면 매우 긴박감 있는 오프닝이 되겠네요. 이 장면을 통해 독자는 주인공들이 어떤 이유로 군대와 적대 관계에 놓여 있다는 것, 그리고 이 이야기가 액션이나 서스펜스를 포함한 긴박한 톤을 가지고 있다는 인상을 받게 됩니다.

- 쫓기고 있는 이유는 무엇일까요? 특별한 능력이나 비밀, 혹은 중요한 정보나 아이템을 가지고 있는 걸까요?
- 주인공들은 어떤 장소에서 달리고 있나요? 숲속, 도시의 뒷골목, 황야 등 도망치는 배경을 구체적으로 알려 주세요.
- 이 긴박한 추격 장면을 통해, 주인공들의 성격이나 관계성에 대해 알 수 있는 요소가 있을까요?

예를 들면 서로 돕는 모습이라든가, 한 사람이 리더 역할을 한다는 식의 묘사가 있을지도 모르지요. 이런 세부 사항들을 알려 주면, 더 구체적인 오프닝 이미지를 구축할 수 있습니다.

나:
쫓기는 이유는 연구소에서 탈출했기 때문이야. 그들은 동물으로 변신할 수 있는 특수 능력을 갖고 있어. 연구 대상으로 잡혀 있던 걸까? 달리는 곳은 밤의 초원, 종전 직전의 이투루프섬. 뒤쫓아오고 있는 것은 소련군이야.

설정 구상할 때 ChatGPT와 한 대화. AI와는 언제든지 의논할 수 있어요.

나:
외신허가증이라는 설정을 만들었어. 이게 소비에트에 점령된 홋카이도에서는 어떤 식으로 불릴지 러시아어를 기반으로 한 한글 표기로 만들어 줘.

ChatGPT:
소비에트에 점령된 홋카이도라는 설정을 고려해, 러시아어 표현을 기반으로 짧게 표기하려면, 다음과 같은 명칭을 생각해 볼 수 있습니다.

- Внешразреш(브네슈라즈레쉬) : Внешний(브네쉬니)는 '외부의', разрешение(라즈레셰니에)는 '허가, 승인'을 의미합니다.
- ранпермит(그란페르밋): раница(그라니차)는 '국경'을 пермит(페르밋)은 영어 'permit(허가증)'에서 온 차용어로 러시아어와 영어를 섞은 말입니다.
- Комразреш(콤라즈레쉬): Коммуникационное(코무니카찌온나예)는 '통신의', разрешение(라즈레셰니에)는 '허가'를 줄인 말입니다. 이를 조합한 '통신허가'라는 의미의 조어입니다.

나:
괜찮은 걸. 더 짧게도 가능해?

ChatGPT:
더 짧은 형태로 '외신허가증'을 러시아 기반 한글 표기로 나타내면, 다음과 같은 이름을 생각해 볼 수 있습니다.

- Внешрез(브네슈레즈): Внешний(외부의)와 разрешение(허가)의 처음 부분을 조합한 것입니다.
- ранрез(그란레즈): раница(국경)와 разрешение(허가)를 축약한 형태입니다.

이름 후보를 제시해 주는 ChatGPT. 여러 번 요청할 수 있어요.

생성형 AI가 그린 그림을 어떻게 사용하나요?

원래 만화가 한 사람이 만화 전체를 다 그리지 않아요. 배경이나 채색 작업 등은 어시스턴트 분들이 돕지요. 요즘은 배경을 그릴 때 생성형 AI가 만든 이미지를 참고해요. 생성형 AI가 그린 그림은 원하는 이미지와 다르거나 무의미한 것들이 섞여서 아직은 그대로 쓰기 어려워요.

캐릭터, 로고, 기계의 디자인을 결정할 때도 생성형 AI의 그림을 사용해요. 다양한 패턴을 제공해 주기 때문에 마음에 드는 디자인을 찾기 좋아요.

파란색으로 칠한 부분이 실제로 만화가가 그리는 부분. 한 페이지의 절반 이상을 만화가가 그리는 일은 없어요. (우메, 『브라걸』)

생성형 AI가 그린 그림이 사용된 예

캐릭터 디자인은 미드저니5로 만든 것을 활용했어요. (우메, 『남위 60도선의 약속』)

생성형 AI로 존재하지 않는 풍경도 만들 수 있지만, 자세히 보면 의미 없는 요소가 많아요. 사람이 수정해야 해요. (우메, 『남위 60도선의 약속』)

생성형 AI는 만화 분야에 어떤 영향을 줄까요?

대충 그린 그림을 실시간으로 깔끔하게 수정해 주는 AI도 있어요. 자신의 그림 스타일을 AI에게 학습시킨다면, '콘티→밑그림→채색' 순으로 작업하던 방식에서 '콘티(밑그림)→채색'으로 공정이 줄어들어 작업 시간이 단축되겠지요. 생성형 AI로 효율이 높아진 만큼 더 많은 작품을 만들 수 있을지도 몰라요. 어쩌면 그림이 서툴러도 만화를 그릴 수 있겠지요.

왼쪽의 내가 그린 그림을 실시간으로 오른쪽처럼 수정해 줘요.

생성형 AI를 어떻게 사용해야 할까요?

예전에는 소설가가 컴퓨터로 글을 쓰면 비난받았어요. 하지만 지금은 누구나 사용하고 있지요. 앞으로는 생성형 AI도 당연하게 사용될 거예요. 주의해야 할 건 저작권 침해예요. 의도하지 않아도 다른 사람의 작품과 비슷해지는 경우가 있으니까요. AI는 많은 결과물을 생성해낼 뿐이고, 결국 선택한 사람이 책임을 져야 할 거예요. 이미지 검색 등으로 똑같은 것이 없는지 조사해야 해요.

일본에서 최초로 워드프로세서로 소설을 쓴 아베 코보는 소설에 영혼이 담기지 않았다고 비판받았다. (우메, 『이거 좀 드셔 보세요』)

쉬는시간

생성형 AI에 입력하면 안 되는 게 있다고요?

생성형 AI는 인터넷의 다양한 데이터를 학습해서 이를 바탕으로 답변을 생성하는 기술입니다(60쪽 참고). 이때 사용자가 입력한 정보도 AI가 학습하는 데이터로 활용될 수 있어요.

따라서 질문을 입력할 때 주의해야 합니다. 왜냐하면, 입력한 개인 정보나 비밀이 다른 사용자의 질문에 대한 답변으로 사용될 수 있기 때문이지요. 이는 전 세계에 정보가 유출될 위험이 있다는 의미입니다.

예를 들어 이름, 주소 등 특정할 수 있는 정보나 회사 내부 자료가 사이버 범죄 등에 악용될 수 있습니다. 따라서 본인이나 가족, 친구에 관한 정보를 입력하면 안 됩니다. 개인을 식별할 수 있는 내용이 포함되지 않도록 각별히 주의하세요.

입력하면 안 되는 개인 정보

- □ 이름 □ 전화번호 □ 주소
- □ 이메일 주소 □ 생년월일 □ ID와 비밀번호
- □ 학교 이름 등 학교 관련 정보 □ 가족의 회사 이름
- □ 가족 구성 □ 얼굴 사진이나 교복 사진, 동영상 등

CHAPTER

2

AI 자세히 알아보기

1 도대체 AI가 뭔가요?

AI란 사람의 두뇌처럼 움직이는 '인공지능'을 말해요

AI는 인공지능을 의미합니다. 지능이란 어떤 대상을 생각하고 이해하거나 판단하는 능력을 말합니다. 우리들은 이 능력을 활용해서 일상을 살아가지요. **AI는 기계에 규칙과 다양한 데이터를 학습시켜, 마치 지능을 가진 것처럼 작동하게 하는 컴퓨터 기술입니다.** AI 기술 덕분에 기계는 알아서 움직이거나, 이미지나 음성을 인식하고, 판단하여 문제를 해결할 수 있습니다.

여러분 주변에는 이미 AI가 많이 사용되고 있습니다. 혹시 눈치챘나요? 예를 들어, 집 안을 알아서 돌아다니며 청소하는 로봇청소기가 있지요. 로봇청소기는 AI 기술을 이용해, 가구 등 장애물의 위치나 높낮이 등을 인식하여 부딪히지 않고 청소를 할 수 있습니다.

더 알아보기

AI

AI란 Artificial intelligence(인공지능)의 머리글자를 딴 말입니다. 약 70년 전, 1956년에 미국 다트머스 대학에서 열린 국제회의(46쪽 참고)와 관련된 문서에서 세계 최초로 사용했습니다.

예를 들어, 로봇 청소기라면…

AI가 있어서 할 수 있는 일

장애물을 발견하면,
방향을 바꿔서 피해요.

청소를 마치면
충전하러 돌아와요.

청소기에 달린 카메라가 물체를 감지하면, AI가 판단해 줘요. 가구는 물론 바닥에 흩어진 장애물도 피할 수 있지요.

어디를 어떻게 청소할지
패턴을 학습해요.

AI가 없었다면?

장애물에 부딪힌다!

AI가 없으면 물체를 감지할 수 없어요. 자동으로 청소할 수 없다는 뜻이지요.

2 우리 주변에는 어떤 AI가 있나요?

AI는 이미 다양한 곳에서 활약하고 있어요

우리 주변에는 어떤 AI가 있을까요? 냉장고나 에어컨이 온도를 자동으로 조절하는 것도 AI가 하는 일이랍니다. 쌀 종류에 따라 최적의 조리법으로 밥을 지어 주는 전기밥솥, 버튼을 한 번 누르는 것만으로 요리가 완성되는 오븐이나 전자레인지에도 AI 기술이 활용됩니다.

스마트폰에 "내일 날씨 알려 줘"라고 말하면 바로 대답하지요? 이용자의 음성을 인식해서 질문이나 요청에 응답하는 음성 어시스턴트, 또는 AI 어시스턴트라고 불리는 기능입니다.

이처럼, AI는 여러 목적에 맞게 능력을 발휘하고 있습니다.

더 알아보기

AI 기술의 종류

- **영상 인식:** 카메라에 비친 대상이 무엇인지 판단하거나 문자를 인식해요.
- **자연어 처리:** 대화 등 텍스트 데이터를 분석하고 의미를 이해해요.
- **음성 인식:** 음성을 인식하고 문자로 변환해요. 음성 어시스턴스는 자연어 처리와 음성 인식을 결합한 기술이에요.
- **데이터 분석 및 예측:** 데이터를 대량으로 학습하고, 데이터의 경향이나 규칙을 분석해요.

여러분 집에는 AI가 얼마나 있나요?

다양한 가전제품에 AI가 들어가면서 인터넷에 연결되는 제품이 늘고 있어요(58쪽 참고). 스마트폰으로 조명이나 에어컨을 작동시킬 수 있지요. 또, AI가 실시간으로 날씨를 분석하여 커튼과 조명을 자동으로 조정하기도 합니다. 이처럼 AI는 우리 생활을 더욱 편리하게 만들어 줍니다.

생각해 보기

만약 AI가 집 전체를 관리하게 되면, 우리 생활은 어떻게 변화할까요?

3 AI마다 능력이 달라요

AI가 할 수 있는 일에 따라, 네 가지 레벨로 나뉘어요

온도를 일정하게 유지하는 에어컨처럼 단순한 규칙에 따라 움직이는 AI부터, 자율주행 자동차처럼 상황에 맞춰 스스로 판단하는 AI까지 다양한 수준의 AI가 있습니다. AI의 수준은 크게 네 가지로 분류할 수 있습니다.

레벨1과 2는 사람이 부여한 규칙의 범위 안에서 작동하며 패턴을 늘려가는 AI입니다. "목욕해" 또는 "공부해"라고 말하면 정해준 대로 따라 하지요.

레벨3과 4는 사람이 알려준 데이터나 규칙을 바탕으로 스스로 학습하여 더 똑똑해질 수 있는 AI입니다. 패턴을 학습하여 언제 목욕할지, 어떻게 공부할지 스스로 판단합니다. AI는 사람과 비슷한 과정을 거쳐 학습합니다. AI의 레벨이 높아질수록, 학습 방법은 더 복잡해집니다.

더 알아보기

프로그램 (Program)

컴퓨터가 목적에 맞게 움직이도록 지시하는 것을 프로그램이라고 합니다. AI를 개발하거나 처음 학습시키는 것도 프로그램입니다. AI는 프로그램에 따라 추가로 학습하고 학습한 패턴을 바탕으로 예측합니다.

AI의 레벨

레벨1

단순한 작업을 하는 AI
온도를 일정하게 유지하는 등 주어진 규칙을 지키면서 한 가지 일만 합니다.

레벨2

몇 가지 일을 조합해서 움직이는 AI
규칙을 지키면서 상황에 맞게 여러 동작을 조합하여 대응합니다.

기계학습 ➡ 50쪽

레벨3

스스로 학습하는 AI
방대한 데이터를 바탕으로 스스로 학습하고 더 나은 방법을 발견해서 실행합니다. 인터넷 검색 결과에서 순위를 매기는 AI가 해당합니다.

레벨4

딥러닝 ➡ 52, 54쪽

스스로 판단하는 AI
정보를 분석해서 가장 좋은 답을 찾아 실행하는 AI입니다. 자율주행 자동차가 해당합니다.

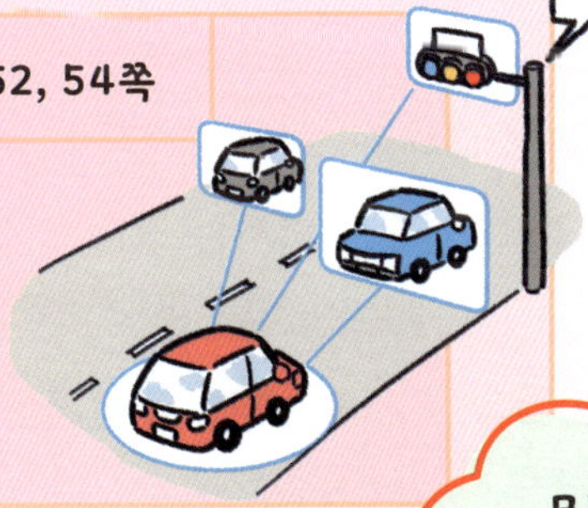

규칙을 지키는 일부터 사람처럼 복잡한 판단을 하는 일까지, AI가 어떤 일을 해야 하는지에 따라 필요한 기술의 수준이 달라집니다. AI의 수준이 높아질수록, AI를 가르치는 방법도 더 복잡하고 정교해집니다.

4 AI는 왜 필요한 걸까요?

AI는 인간의 생활을 더욱 편리하게 만들어 줘요

먼 옛날부터 사람들은 모여서 사회를 이루고, 서로 협력하며 살아왔습니다. 더 풍요롭게 생활하기 위해 새로운 기술을 만들어 내고, 창의적인 아이디어와 노력을 더하며 사회는 계속 발전해 왔습니다.

인간 사회의 변화는 몇 가지 단계로 나눌 수 있습니다. 사냥하거나 물고기를 잡으며 살아가던 시대를 수렵사회(Society 1.0)라고 부릅니다. 이후 밭을 일구고 작물을 기르면서 농경사회(Society 2.0)가 되었습니다. 시간이 더 지나, 기계를 이용해서 제품을 대량으로 만드는 공업사회(Society 3.0)로 발전했습니다.

이후 컴퓨터와 스마트폰 같은 기기가 등장하며 전 세계는 인터넷으로 연결되었고, 언제 어디서든 정보를 얻을 수 있는 정보사회(Society 4.0)가 되었습니다. **마지막으로, 앞으로 다가올 새로운 사회(Society 5.0)에서는 AI가 더욱 진화하여, 다양한 문제를 해결해 줄 것으로 보입니다.**

더 알아보기

사회 (Society) 새로운 기술을 만들며 발전해 온 인간 사회의 변화를 1.0부터 5.0까지의 숫자로 표현했습니다. 현대 사회는 Society 4.0과 Society 5.0 사이에 해당합니다.

인간 사회의 변화

Society 1.0 수렵사회

수렵과 채집을 하던 시기입니다. 사람들은 무리를 이루고 먹을 것을 찾아 이동하며 살았습니다.

↓

Society 2.0 농경사회

농사를 짓고 가축을 기르며 한곳에 정착하기 시작한 시기입니다. 마을이 생겨나고, 공동체의 규모가 커졌습니다.

↓

Society 3.0 산업사회

산업 혁명으로 큰 공장이 생기고, 기계를 이용한 대량 생산이 이루어졌습니다.

↓

Society 4.0 정보사회

컴퓨터와 인터넷이 보급됐습니다. 정보가 대량으로 생산되고 빠르게 전달, 저장됩니다.

↓ 지금은 여기!

Society 5.0 새로운 사회

앞으로 다가올 사회입니다. AI 등 최신 기술을 활용해, 경제가 발전하고 여러 사회 문제를 해결하기를 바라고 있습니다.

생각해 보기 현대사회는 저출생·고령화, 지구온난화 등 여러 문제를 안고 있지요. AI는 어떤 도움을 줄 수 있을까요?

5 AI는 어떻게 탄생했나요?

1956년, 다트머스 회의에서 처음 사용된 말이에요

1956년, 미국 북동부의 다트머스 대학에서 컴퓨터를 연구하던 존 매카시 조교수가 있었어요. 존 매카시는 전 세계의 연구자들이 모여 컴퓨터의 능력에 대해 함께 논의하면 좋겠다고 생각했어요. **이 회의에 참가해 달라고 제안하는 문서에서 처음으로 '인공지능(Artificial Intelligence)'이라는 말이 사용되었습니다**. 다트머스 회의는 한 달 동안 열렸고, 수학자와 컴퓨터 공학자들이 모여 컴퓨터가 생각하는 능력에 대해 함께 이야기했습니다.

그런데, 사실은 다트머스 회의보다 앞서 영국의 수학자 앨런 튜링이 컴퓨터가 생각할 수 있는지에 대해 이야기한 적이 있습니다. 그는 컴퓨터의 원형이 된 전자계산기를 만들었고, 인공지능에 대해 연구했기 때문에 컴퓨터의 아버지라고도 불립니다.

더 알아보기

컴퓨터 (Computer)

오래 전에는 컴퓨터를 전자계산기라고 부르기도 했습니다. 지금은 다양한 일을 할 수 있지만, 원래 컴퓨터는 계산하는 기계였습니다. 그래서 다트머스 회의에 참석한 사람들도 수학자와 컴퓨터 공학자들이었던 것이지요.

인공지능(AI)을 판정하는 테스트가 있다고요?

인간과 똑같이 반응해야 제대로 된 AI라고 여기던 때가 있습니다. 1950년, 앨런 튜링이 기계에게 인간과 같은 지능이 있는지를 판단하기 위한 테스트를 고안했습니다.

튜링 테스트

방법

- 질문하는 사람 1명, 대답하는 사람 1명, 컴퓨터가 필요해요.
- 질문하는 사람이 대답하는 사람(A)과 컴퓨터(B)에게 똑같은 질문을 해요.

질문 오늘 무슨 요일이야?

? 문제 어느 쪽이 AI일까?

무슨 요일인지 물어봤는데,
연도부터 대답하는 건 부자연스러워.
B가 컴퓨터고 A가 사람 같아.

B가 컴퓨터인 것을 쉽게 알아챌 수 있기 때문에, 이 컴퓨터는 인간과 같은 지능이 있다고 하기 어렵습니다. 만약 B가 A와 똑같이 대답해서 기계라는 것이 드러나지 않는다면, AI라고 할 수 있습니다.

2014년에 처음으로
이 테스트에 합격한
프로그램이 나왔다고
보도됐지만, 실제로는….

6 AI는 어떻게 학습할까요?

AI는 인간과 비슷한 방식으로 학습해요

AI가 스스로 판단하려면, 다양한 데이터를 학습해야 합니다. AI를 학습시키는 방법으로는 기계 학습(50쪽 참고)이나 딥러닝(52, 54쪽 참고)이 있지요. AI에게 어떤 일을 시키고 싶은지에 따라, 그에 맞는 적절한 학습 방법을 선택해야 합니다.

각 학습 방법을 소개하기에 앞서서, 전반적인 내용을 살펴보겠습니다. **AI의 핵심 기술인 이미지 인식은 AI가 사물을 구별할 수 있게 특징을 미리 학습시킵니다. 인식하고 싶은 대상의 이미지 데이터를 많이 제공해 학습시키는 것입니다.**

예를 들어, 고양이 사진이 있다고 생각해 보세요. 여러분은 그 사진에 찍힌 것이 고양이라는 것을 어떻게 알 수 있나요? 지금까지 봐온 고양이들이 지닌 공통의 특징을 사진 속 동물에게서도 발견했기 때문일 거예요.

AI가 사물을 인식하는 방식도 이것과 아주 비슷합니다. 이미지를 분석하면서 세모 모양의 귀, 네 발로 서 있는 것, 몸을 핥는 모습과 같은 이미지의 특징을 찾아냅니다. 그리고 이전에 학습한 데이터에서 비슷한 특징을 찾아, 사진 속 대상이 고양이라고 결론을 내리는 것입니다.

AI도 공부해야 해요!

똑똑한 AI도 처음부터 무엇이든 할 수 있는 것은 아닙니다. 여러분이 공부하는 것처럼, AI도 데이터를 학습하며 능력을 발휘할 준비를 해야 합니다. 사람이 목적에 맞는 학습 내용과 형태를 정하고, 프로그램으로 지시를 내려 주어야 합니다.

7 AI는 스스로 똑똑해질 수 있어요

기계학습을 통해 알아서 발전해요

AI에게 대량의 데이터를 입력한 뒤, 스스로 규칙이나 패턴을 찾아내게 하는 학습 방식을 기계 학습이라고 합니다. 원래는 사람이 모든 규칙을 일일이 가르쳐야 했지만, 최근에는 스스로 학습을 반복하면서 점점 더 똑똑해지는 AI가 많아졌습니다.

기계 학습은 크게 지도 학습과 비지도 학습으로 나뉩니다. **지도 학습은 정답이 정해진 퀴즈를 푸는 것과 비슷합니다.** 사람이 데이터를 주며 정답을 정하는 방식입니다. AI는 정답을 바탕으로 데이터를 스스로 분석해서 분류하거나 예측할 수 있게 됩니다.

반면, 비지도 학습은 답을 모르는 퍼즐을 푸는 것과 비슷합니다. 정답은 알려 주지 않고 데이터만 제공한 뒤, AI가 패턴이나 공통점을 찾아내게 합니다. 정답을 틀리는 경우도 많지만, 오답이 새로운 발견으로 이어지기도 합니다.

이밖에도 강화 학습이라는 방법도 있습니다. 강화 학습은 정답이면 상(게임으로 치면 점수)을 얻고, 틀리면 벌을 받는 보상 체계를 바탕으로 시행착오를 거치며 학습하는 방식입니다.

기계 학습의 원리

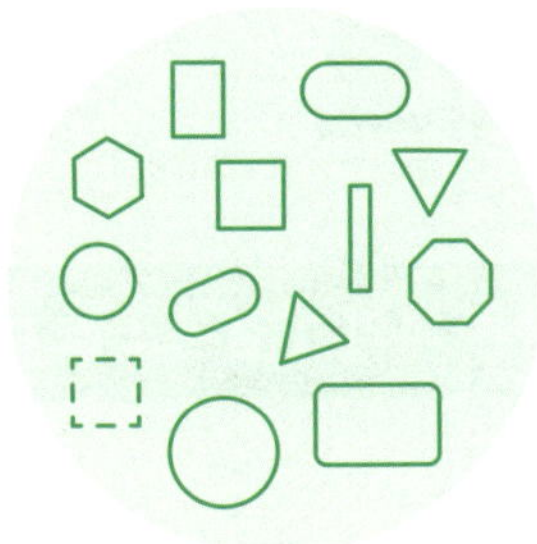

지시

도형을 그룹별로 분리해 줘.

지도학습

정답: 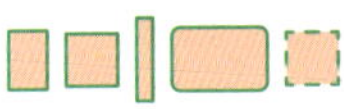 은 사각형

결과

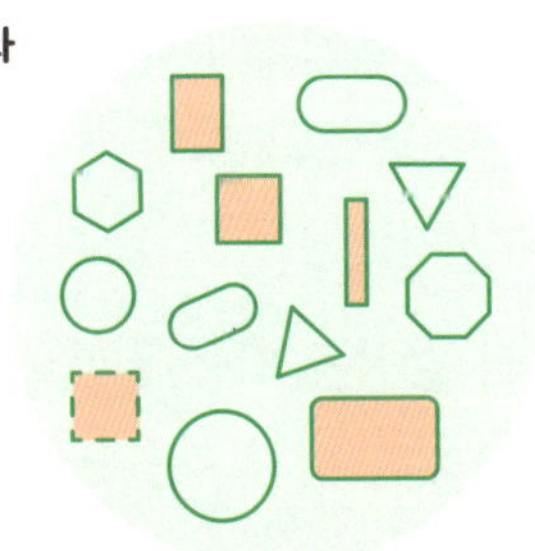

배운 정답을 바탕으로, 사각형과 다른 도형을 구분할 수 있습니다.

비지도 학습

정답을 알려주지 않는다

결과

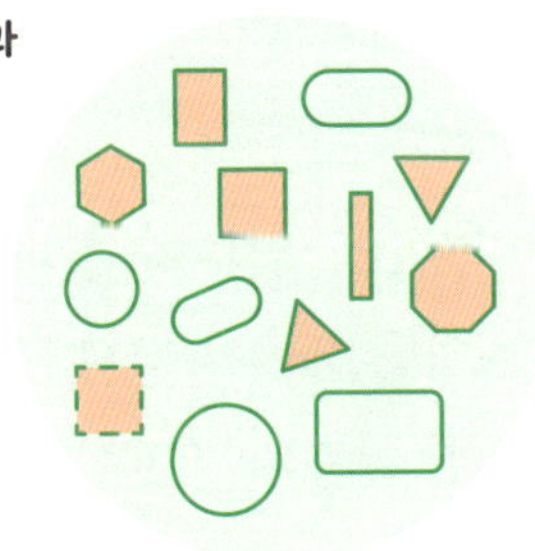

AI가 모서리를 특징으로 잡았습니다. 분류를 여러 번 반복하며 학습합니다.

8 AI와 사람의 뇌는 비슷해요

AI의 신경망은 뇌의 신경세포를 흉내 냈어요

AI를 지금처럼 똑똑하게 만든 것은 바로 딥러닝이라는 기술입니다. 딥러닝은 신경망(뉴럴 네트워크)의 원리를 발전시킨 것으로, 인간의 뇌에서 정보가 전달되는 방법을 참고해서 만든 학습 방법이에요.

뇌 안에는 뉴런이라고 불리는 수백억 개의 신경세포가 들어 있습니다. 이 뉴런들은 서로 복잡하게 연결되어 하나의 네트워크를 이루고 있습니다. 우리가 어떤 생각을 하거나 무언가를 기억할 때, 뉴런에서 뉴런으로 전기 신호처럼 정보가 흐릅니다. 그리고 뇌를 많이 쓸수록 뉴런들이 더 많이 연결되거나 연결이 강해지기도 합니다.

AI의 신경망은 이런 뇌 속 신경세포의 동작 방식을 인공 뉴런으로 흉내 낸 것입니다. 인공 뉴런 사이의 연결 강도를 '가중치'라고 부릅니다. 아직 학습이 덜 된 상태에서는 답이 틀릴 수도 있지만, 학습이 계속되면 가중치가 조정되면서, 점점 더 정확한 네트워크가 만들어집니다. 이런 과정을 거쳐 AI가 실수하지 않고 답할 수 있게 됩니다.

뇌의 구조와 신경망

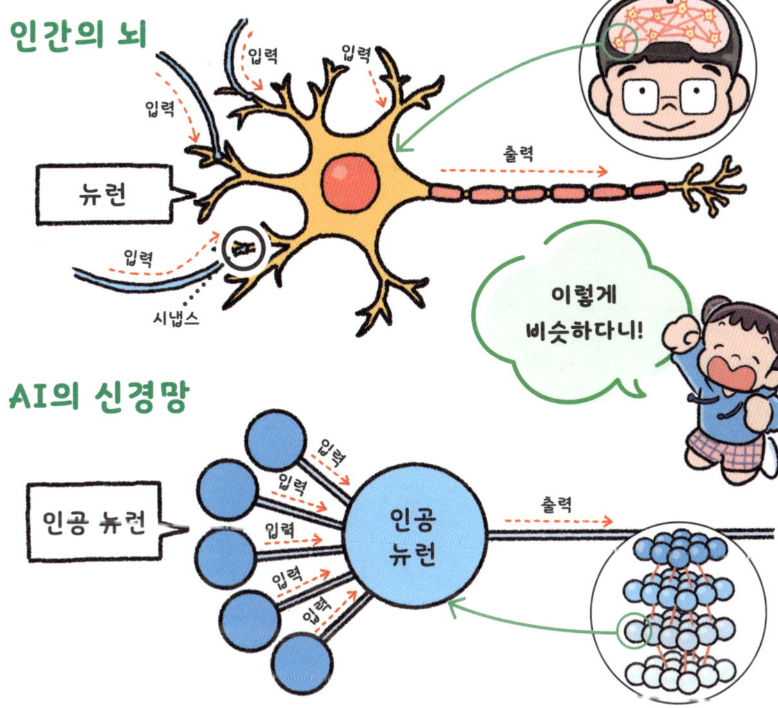

인간의 뇌는 뉴런과 뉴런을 연결하는 시냅스 사이의 연결이 강해질수록, 정보가 더 빠르고 정확하게 전달됩니다. 그러면 무언가를 학습하거나 기억하는 일을 잘하게 됩니다. 마찬가지로, 학습을 통해 인공 뉴런 사이의 연결이 강화되면 AI의 정답률도 높아지게 되는 것입니다.

생각해 보기

AI는 사람의 뇌를 흉내 내 만들었지만, AI가 흉내 낼 수 없는 것도 많아요. 그건 무엇일까요?

9 AI는 알아서 판단할 수 있어요

딥러닝의 원리

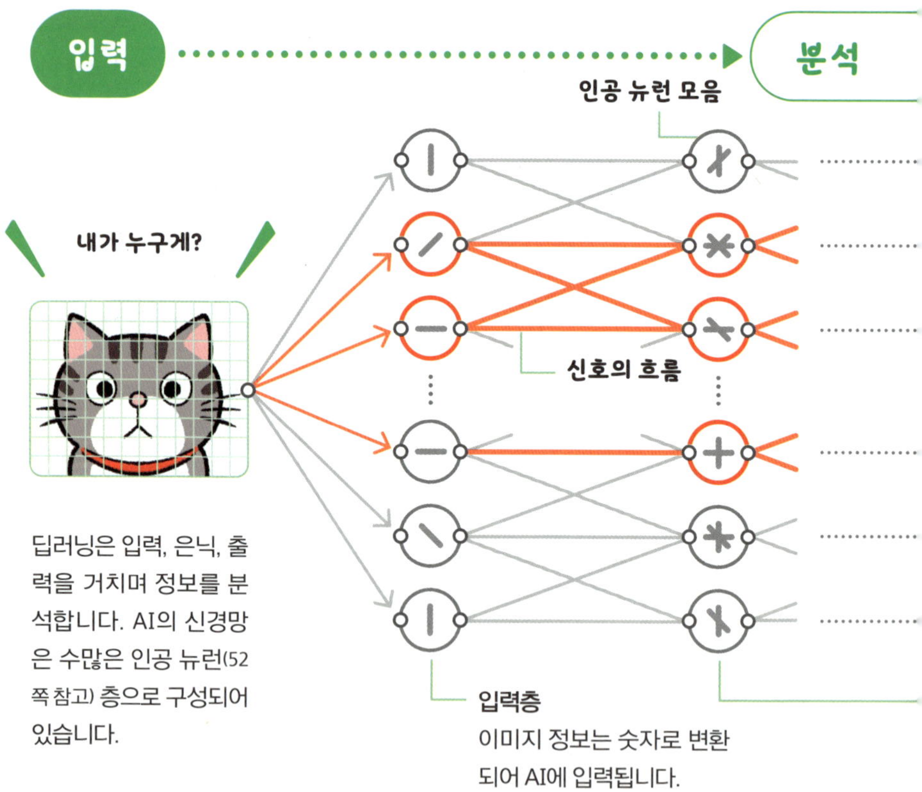

딥러닝은 입력, 은닉, 출력을 거치며 정보를 분석합니다. AI의 신경망은 수많은 인공 뉴런(52쪽 참고) 층으로 구성되어 있습니다.

딥러닝을 통해 더 복잡한 분석을 해요

딥러닝은 공항의 얼굴 인식, 의료 진단 등 고도의 이미지 인식 AI를 비롯한 여러 생성형 AI에 활용됩니다. **AI는 학습을 거듭하며 어떻게 분석할지를 스스로 결정합니다.** 특히 이미지 분석을 잘합니다. 많은 이미지를 학습시키기만 해도 스스로 판단할 수 있게 됩니다.

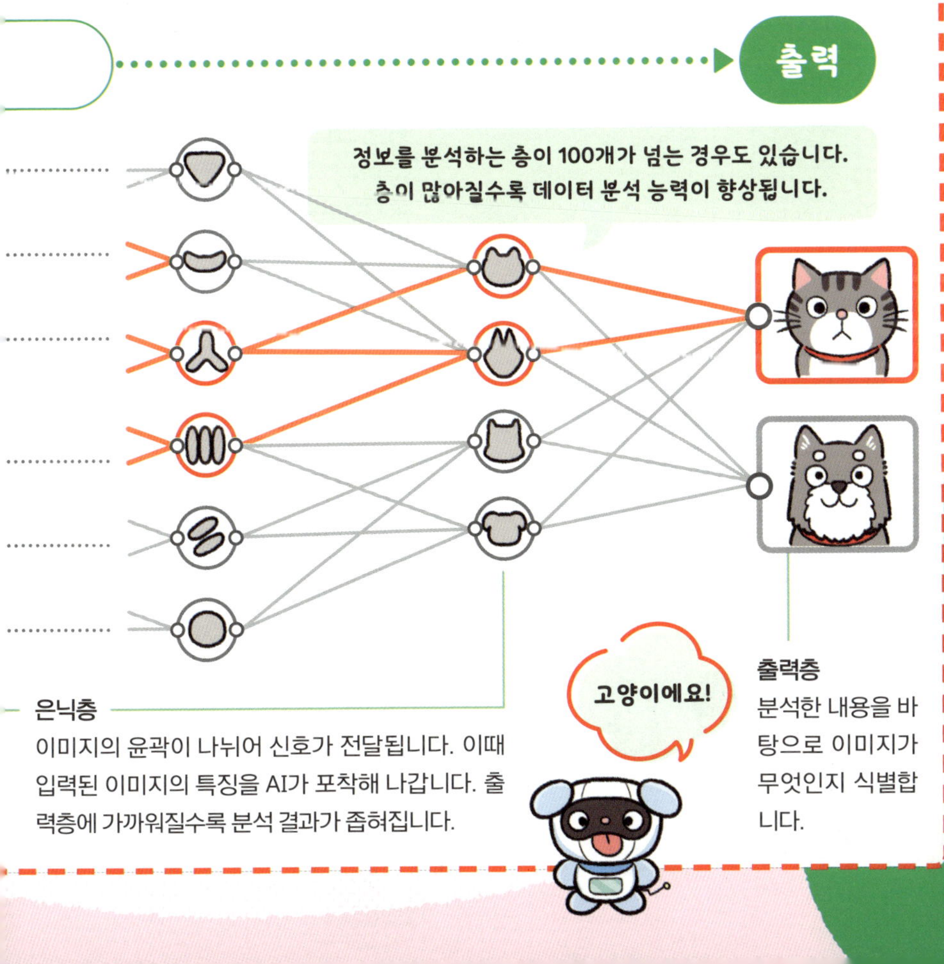

은닉층

이미지의 윤곽이 나뉘어 신호가 전달됩니다. 이때 입력된 이미지의 특징을 AI가 포착해 나갑니다. 출력층에 가까워질수록 분석 결과가 좁혀집니다.

출력층

분석한 내용을 바탕으로 이미지가 무엇인지 식별합니다.

10 AI는 어떻게 발전해 왔나요?

AI 연표

1차 유행

1950년대 후반 ~ 1960년대
인간보다 훨씬 빠르게 계산하는 컴퓨터를 사용하기 시작했습니다.

2차 유행

1980년대
컴퓨터에 전문 지식을 학습시켜 활용하는 연구가 진행됩니다. 예를 들어, 의사의 지식을 대량으로 컴퓨터에 학습시켜 컴퓨터가 환자를 진단하게 했습니다.

1950 — 1960 — 1970 — 1980

1950년
인간인지 컴퓨터인지 판단하는 '튜링 테스트(47쪽 참고)'가 고안되었습니다.

1960년대
반복 계산을 잘하는 컴퓨터가 퍼즐을 풀게 하는 연구가 이루어졌습니다.

1970년대
인간의 사고 방식을 흉내 냈지만, 현실의 복잡한 문제는 해결하지 못해 연구가 한계에 부딪혔습니다.

1979년
쿠니히코 박사가 패턴 인식 모델 네오코그니트론을 제안했어요 이는 딥러닝의 핵심 기술에 영향을 준 획기적인 이론이었습니다.

앨런 튜링(수학자)

지금까지 세 번의 AI 붐이 있었어요

과거에도 AI가 유행했던 시기가 몇 차례 있습니다. 그러나 그때마다 연구가 중단되거나 막혀 버렸어요. **하지만 2000년대에 들어 인터넷 기술이 크게 발달하고 딥러닝 기술이 등장하면서 AI는 더욱 눈부신 발전을 이루고 있습니다.**

1990년대
당시 컴퓨터는 스스로 학습할 수 없어서 사람이 직접 정보를 입력하거나 새로운 정보로 교체하는 작업을 해야 했습니다. 이로 인해 연구를 계속하기 힘들어졌습니다.

3차 유행

2000년대 ~
인터넷이 더욱 발달해, 대량의 데이터를 쉽게 얻을 수 있게 되었습니다. 또한 컴퓨터 성능이 좋아지면서 기계 학습을 활용해 AI가 스스로 데이터를 학습할 수 있게 되었습니다.

2012년
딥러닝이 이미지 인식 기술에서 크게 앞서기 시작했습니다.

1990 — 2000 — 2010 — 2020 — **4차 유행으로**

1990년
세계 최초의 웹 페이지가 등장했어요.

2006년
딥러닝(54쪽 참고)의 효과가 증명되었습니다.

2022년
ChatGPT 등장!

쉬는시간

IoT 사물 인터넷과 AI는 무슨 관계인가요?

2000년경까지만 해도 인터넷에 연결된 기기는 PC나 휴대전화 정도였습니다. 그러나 오늘날은 에어컨이나 TV 같은 가전제품을 비롯해, 자동차나 공장 기계 등 무척 다양한 기기가 인터넷에 연결됩니다. 이를 IoT라고 합니다.

IoT는 'Internet of Things'의 약자로, 직역하면 사물 인터넷이라는 뜻입니다. 모든 사물이 네트워크로 연결되며 구현되는 서비스나 기술을 일컫습니다. 예를 들어, 스마트폰으로 에어컨이나 TV 등의 가전제품을 외부에서 제어하는 기술은 대표적인 IoT 활용 사례입니다.

IoT와 AI는 떼려야 뗄 수 없는 관계입니다. 40쪽에서 소개한 가전제품처럼, 대부분의 IoT 기기에는 통신 기능 외에도 카메라, 마이크, 센서 등이 탑재되어 있습니다. IoT가 이러한 센서나 카메라를 통해 수집한 데이터를 네트워크를 통해 서버로 전송하고, AI가 그 데이터를 분석하여 다음 동작을 기기에 지시합니다.

자동차 자율주행의 경우, IoT를 통해 차량의 위치와 주행 정보를 수집합니다. AI는 이 정보를 실시간으로 분석하여 IoT를 통해 주변 상황에 맞는 지시를 전달합니다. 완전한 자율주행을 하려면 아직 시간이 더 필요하지만, IoT와 AI의 결합은 이미 다양한 기술 혁신을 이끌고 있습니다.

CHAPTER 3

생성형 AI의 비밀

1 생성형 AI는 기존의 AI와 어떻게 다른가요?

생성형 AI 는 최첨단 AI 기술이에요

기존의 AI는 학습한 데이터를 바탕으로 이미지나 음성을 인식한 다음, 분석해서 문제를 해결했어요.

반면, 생성형 AI는 새로운 형태의 AI입니다. **'생성'이라는 말을 통해 짐작할 수 있듯이, 인터넷상의 정보 등 대량의 학습 데이터를 바탕으로 무언가를 창조해 낼 수 있지요.** 생성형 AI는 문장, 이미지, 음성, 음악, 영상 등 다양한 콘텐츠를 매우 짧은 시간에 만들어 낼 수 있습니다.

하지만 사실 완전히 새로운 기술은 아닙니다. 2022년에 ChatGPT가 등장한 이후로 AI를 이용하는 일이 빠르게 친숙해진 것이지요. 생성형 AI에 대한 관심이 늘어나며, 4차 AI 붐이 시작되고 있습니다.

더 알아보기

생성형 AI 'Generative Artificial Intelligence'를 번역한 말이에요. 'Generative'는 '발생하다, 생산할 수 있다'는 의미예요. '생성'도 이와 같은 의미로, 생성형 AI는 새로운 것을 만들어 내는 AI라는 뜻이 됩니다. 여러분은 생성형 AI를 이용해 어떤 것을 만들어 보고 싶나요?

기존의 AI와 생성형 AI의 차이점

	기존의 AI	생성형 AI
목적	인간의 행동이나 생각을 흉내 냄.	인간의 창조적인 행동을 흉내 냄.
능력	정해진 범위에서 자동화, 예측, 분석함.	새로운 콘텐츠를 생산함.
학습 방법	기계학습, 신경망	신경망
활용 분야	음성 인식 이미지 인식 문자 인식 데이터 분석 기계 자동화 등	문장 생성 이미지 생성 음성 생성 음악 생성 동영상 생성 등
활용 목적	다양한 **문제 해결**에 이용함.	다양한 **창작 활동**에 이용함.

2 생성형 AI로 일상은 어떻게 바뀌나요?

일상, 공부, 직업 등에 많은 변화가 있을 거예요

생성형 AI를 아용하는 방법은 매우 간단합니다. 대부분의 생성형 AI 서비스는 주로 다음 세 단계로 이루어집니다.

① 프롬프트(지시)를 입력한다.

② 방대한 데이터를 바탕으로 최적의 답변을 생성한다.

③ 답변이 출력된다.

사용법이 무척 간단하기 때문에, 생성형 AI는 놀라운 속도로 사회 전반에 퍼져 나가고 있습니다. 생성형 AI가 사회에 미치는 영향은 인터넷이 처음 등장했을 때보다 더 크다고 평가될 정도입니다.

실제로 이미 많은 대학생들이 과제 초안을 작성할 때나 영어 공부, 취업 준비 등에 생성형 AI를 활용합니다. 직장인들은 문서 작업을 할 때나 아이디어를 얻을 때 도움을 받아 업무 효율을 높일 수 있습니다.

또한 글이나 이미지를 생성하는 일처럼 창의적인 작업을 할 때 생성형 AI를 활용하는 사례가 늘고 있습니다. 여러분의 학교에서는 어떤가요? 생성형 AI를 어떤 방식으로 활용하면 좋을지, 국가 차원에서 대응하고 있습니다.

사회 곳곳에서 활용하는 생성형 AI

사람들은 이미 무언가를 만드는 일에 ChatGPT 등 생성형 AI를 많이 이용하고 있어요. 개인뿐 아니라, 기업에서도 생성형 AI를 활용해 더욱 편리하고 세심한 맞춤형 서비스를 제공하는 사회가 오고 있답니다.

생각해 보기 생성형 AI가 다양한 콘텐츠를 창작하는 것에 대해 어떻게 생각하나요?

3 ChatGPT가 궁금해요

전 세계에서 화제가 된 고성능 생성형 AI 서비스예요

ChatGPT는 생성형 AI가 전 세계적으로 유행하도록 불을 지핀 대화 기반 생성형 AI 서비스입니다. 'Chat'은 대화를 뜻하는 말이에요. ChatGPT는 사람이 던진 질문이나 지시에 따라, 문장을 만들거나 요약하고 외국어를 번역하는 등 다양한 일을 하지요.

ChatGPT는 OpenAI라는 회사가 막대한 돈을 투자하여 개발했습니다. **OpenAI는 AI가 가져다 주는 이익을 전 세계 사람들이 평등하게 누릴 수 있게 하기 위해서 ChatGPT를 개발했다고 밝혔어요.** 그래서 ChatGPT는 영어, 일본어, 스페인어, 한국어 등 50개 이상의 언어를 지원하며, 누구나 쉽게 사용할 수 있도록 단순한 화면으로 디자인되어 있습니다.

현재는 ChatGPT 외에도 여러 가지 대화 기반 생성형 AI 서비스가 개발되었어요. PC나 태블릿에 이미 탑재되어 있는 경우도 많습니다.

더 알아보기

Open AI 일론 머스크를 비롯한 유명 기업인들이 2015년에 설립한 미국 기업입니다. ChatGPT를 개발하기 위해 약 10억 달러(약 1조 4천 억 원)의 자금을 투입했어요. 전 세계에서 실력 있는 AI 연구자들을 모아서 만들었지요. 2022년 11월에 서비스를 시작했습니다.

ChatGPT가 할 수 있는 일

문장 생성
정보를 전달하는 글, 시, 소설을 생성할 수 있어요.

대화
질문에 답변할 뿐만 아니라, 일상적인 대화를 이어갈 수도 있어요.

요약
긴 문장의 요점을 파악하고 짧게 정리할 수 있어요.

번역
문장을 여러 나라의 언어로 번역할 수 있어요.

분석
많은 정보나 데이터를 분석할 수 있어요.

검색
검색 엔진을 이용해서 뉴스나 정보를 수집할 수 있어요.

*버전에 따라, 최신 정보 반영 시점에 차이가 있습니다.

교정
문장을 검토하고 틀린 곳을 고칠 수 있어요.

다양한 대화 기반 AI 보호자와 사용하기 편한 것을 골라 보세요!

	ChatGPT	Copilot	Gemini
개발사	OpenAI	Microsoft	Google
이용 연령	13세 이상 (18세 미만은 보호자 동의 필요)	18세 이상 (미성년자는 보호자 동의 필요)	18세 이상
이용 요금	무료 (유료 플랜도 있음.)		
이용 방법	웹 브라우저 또는 앱		

유료 플랜에서는 정확성과 안정성이 높아지고, 더 다양한 기능을 이용할 수 있습니다.

4 생성형 AI는 어떻게 자연스러운 문장을 만드나요?

대규모 언어 모델 기술을 활용해요

ChatGPT와 같은 대화 기반 생성형 AI는 사용자의 질문에 마치 사람처럼 자연스럽게 대답합니다. 이 능력의 비밀은 바로 대규모 언어 모델 기술에 있습니다.

대규모 언어 모델은 수많은 대화, 인터넷상의 데이터, 다양한 책에 담긴 텍스트와 그 사용법을 딥러닝(52, 54쪽 참고)을 통해 학습한 것입니다.

기계에게 언어를 이해시키려는 시도는 옛날부터 이어져 왔습니다. 그 과정에서 오른쪽 페이지에 설명한 것과 같은 대규모 언어 모델이 탄생했습니다. 대규모 언어 모델은 이런 방식을 통해 수십억 개 이상의 파라미터*를 학습했으며, 최신 버전인 ChatGPT는 파라미터 수가 100조 개에 달합니다.

하지만 한국어 버전은 아직 완벽하지 않습니다. 대부분의 학습 데이터가 영어이기 때문입니다. 더 자연스러운 한국어 응답을 만들기 위한 모델도 계속 개발 중입니다.

더 알아보기

대규모 언어 모델

대규모 언어 모델을 실행하려면 커다란 메모리 용량을 가진 고성능 컴퓨터(서버)가 반드시 필요합니다. ChatGPT의 대규모 언어 모델을 지원하는 서버는 전 세계 31개국에 위치한 데이터센터에서 관리하고 있습니다.

*파라미터: 어느 정도 복잡한 학습을 했는지 측정하는 기준의 하나.

다음에 올 단어를 예측하는 법

'옛날옛날에' 다음에는, 'OO에(장소)'가 이어지는 경우가 많지요. 이처럼, 자주 사용하는 단어는 그 뒤에 올 말을 예측할 수 있습니다. 그렇게 한 단어씩 이어가다 보면 문장이 완성됩니다.

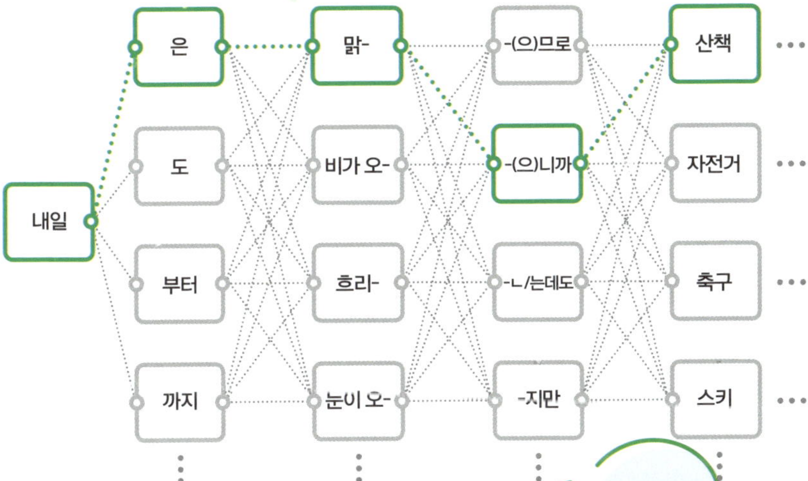

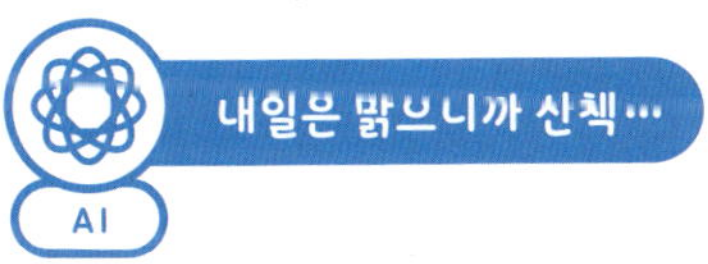

ChatGPT 대규모 언어 모델은 문장의 다음 부분을 생성할 때, 지금까지 학습한 내용을 바탕으로 다음에 올 가능성이 가장 높은 단어를 선택합니다. 선택된 단어 다음에 이어질 단어 중 가장 확률이 높은 단어를 이어 선택하지요. 이런 작업을 반복하면서 문장을 생성합니다.

생각해 보기 내가 문장을 어떻게 만드는지 떠올리며 비교해 보세요.

5 생성형 AI는 어떻게 이미지를 만드나요?

이미지 생성 AI가 ChatGPT보다 먼저 태어났어요

ChatGPT가 등장하며 생성형 AI가 크게 주목을 받았지만, 사실은 ChatGPT보다 이미지 생성 AI가 먼저 생겨났습니다. **이미지 생성 AI는 "기타를 치는 공룡을 그려 줘"라고 지시하면 그에 맞는 이미지를 순식간에 생성해 주는 AI입니다.**

이미지 생성 AI를 뒷받침하는 기술도 딥러닝(52, 54쪽 참고)입니다. 이 방법으로 인터넷의 방대한 이미지 데이터를 학습해, AI의 이미지 인식 능력이 크게 성장했습니다. 덕분에 이미지를 생성하는 것이 간편해져서, 다양한 서비스가 개발되고 있습니다.

이미지 생성 AI 서비스 중 하나인 스테이블 디퓨전(Stable Diffusion)은 무려 약 23억 개에 달하는 이미지 데이터를 학습했습니다. 이를 바탕으로 세상에 존재하지 않는 새로운 이미지도 생성할 수 있게 되었습니다.

더 알아보기

동영상 생성 이미지 생성 AI를 바탕으로 동영상 생성 AI도 개발되고 있습니다. 동영상을 생성하기 위해 AI는 아주 많은 영상과 음성 데이터를 학습하고, 영상과 음성의 구조를 이해합니다. 학습한 내용을 바탕으로, 제공된 문장이나 이미지에 맞게 장면과 캐릭터를 생성할 수 있습니다.

이미지 생성 과정

1 지시

삼색 고양이 >

사람의 언어로 생성하려는 이미지에 대해 설명해요.

2 AI

인터넷에 있는 데이터를 학습해 만든 모델을 바탕으로, 지시에 맞는 이미지 데이터를 다시 만들어요.

3 이미지 생성

지시에 맞는 이미지를 생성해요.

6 사람들은 생성형 AI를 어떻게 이용하나요?

생성형 AI로 창작한 작품이 주목을 받고 있어요

사람들은 이미 곳곳에서 생성형 AI를 이용하고 있습니다.

예를 들어, 회사에서는 문서를 다루는 업무가 많습니다. 그래서 문장 생성 AI를 활용해 데이터를 분석하고, 이를 바탕으로 새로운 기획을 제안하기도 합니다.

제안을 많이 만들어 내는 것은 생성형 AI가 특히 잘하는 일입니다. 사람이 그중에서 쓸 만한 제안을 선택하여 직접 실현해야 하지만, 생성형 AI를 활용해 힌트를 얻으면 새로운 아이디어를 떠올리기 쉬워집니다.

이 때문에 소설이나 만화, 애니메이션, 게임 등의 창작 활동과 엔터테인먼트 분야에서도 생성형 AI를 많이 활용하기 시작했습니다. 만화 스토리를 확장하기 위해 생성형 AI와 대화를 나누거나, 생성형 AI가 만든 이미지를 캐릭터나 배경의 아이디어로 삼기도 합니다(32쪽 참고).

AI는 창작자의 일을 빼앗는 존재가 아니라, 사람이 창작 활동에 더 집중할 수 있도록 돕는 존재입니다.

창작 활동 ① 소설

생성형 AI를 활용해 창작한 소설, 문학상 수상

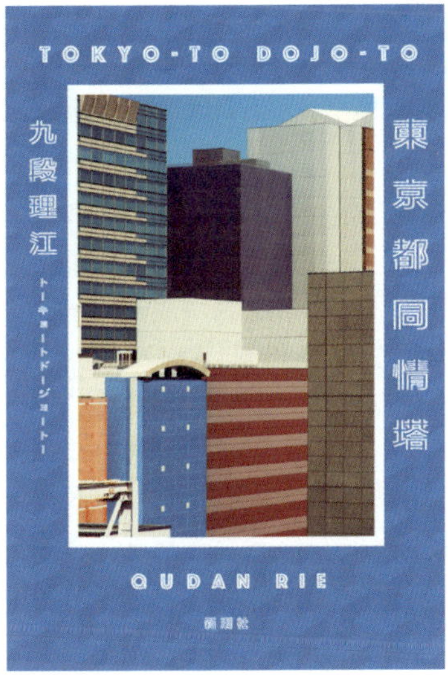

『도쿄도 동정탑』 쿠단 리에(신조사)

2024년 1월, 쿠단 리에 씨의 작품 『도쿄도 동정탑』이 아쿠타가와상을 수상했습니다. 수상 기자회견에서 쿠단 씨가 작품에 생성형 AI를 사용했음을 밝혀 큰 화제가 되었습니다.

쿠단 씨는 구상 단계에서도 ChatGPT와 주고받으며 아이디어를 다듬었다고 합니다. 이 작품에는 주인공과 생성형 AI가 대화를 나누는 장면이 그려져 있습니다. 또, 실제 ChatGPT의 응답을 사용한 장면도 나옵니다. 소설 창작에 생성형 AI를 도입한 하나의 사례가 되었습니다.

줄거리

건축가인 마키나 사라는 신념에 어긋나는 새로운 탑을 설계한다. 바로 범죄자가 쾌적하게 살 수 있는 교도소다. 미래의 도쿄를 유머러스하게 그려낸 작품이다.

『도쿄도 동정탑』 속 생성형 AI 등장 장면

Sara(주인공): 나랑 너, 우리는 같으면서도 다른 인간이야.

AI-built(AI): 아닙니다. 당신은 나와 같은 인간이 아닙니다. 나는 인공지능 프로그램으로 정보 제공과 대화를 목적으로 프로그래밍되어 있습니다.

창작 활동 ② 만화

인기 만화 시리즈 신작 발표!

만화의 신이라 불린 테즈카 오사무(1928~1989)의 인기 시리즈 『블랙잭』의 최신작이 TEZUKA2023 프로젝트로 제작되었습니다. 이 프로젝트의 목표는 생성형 AI와 사람이 공동 작업을 하는 것이었어요.
먼저 생성형 AI에게 테즈카 오사무 작품의 스토리와 그림체를 학습시켰습니다. 그 다음, 생성형 AI에게 새로운 작품 아이디어를 제안하게 하여 '기계의 심장'이 등장하는 아이디어를 채택했지요. 또한 새로운 캐릭터도 생성형 AI가 생성한 이미지를 바탕으로 정했습니다.

주간소년 챔피온 52
(2023년 12월 7일호, 아키다서점)
『기계의 심장(Heartbeat Mark II)』
©TEZUKA2023 / 테즈카 프로덕션

줄거리

천재 외과 의사 블랙잭과 피노코는 최신 의료 기술이 모이는 가와무라 테크노스에 찾아왔다. AI로 관리된 인공 심장을 가진 환자가 있는 이곳에서 중대한 문제가 발생한다.

AI 생성

실제 작품

오, 정말로 테즈카 작가 그림이랑 비슷하다!

생성형 AI의 그림을 그대로 쓴 게 아니라, 여러 번 수정한 것을 바탕으로, 사람이 완성했다고 해.

창작 활동 ③ 광고&상품 패키지

광고 모델이나 상품 패키지를 생성형 AI로!

이토엔은 '카테킨 녹차'를 AI 모델이 등장하는 TV 광고로 홍보했습니다. 이 광고를 위해 특별 제작한 AI 배우는 34세 여성이라는 설정으로, 이름은 케이티입니다.

이들은 생성형 AI를 활용해 '건강함 / 활기참 / 진보적임 / 강한 의지'를 키워드로 수많은 얼굴을 생성했습니다. 그 다음, 원하는 이미지에 가장 가까운 결과물을 사람의 손으로 수정하여 광고를 만들었다고 합니다. 이 광고에는 케이티의 현재 모습과 30년 후의 모습이 등장합니다. 자연스럽고 멋지게 나이 들어가는 모습을 표현하는 데 AI가 생성한 모델이 딱 맞았다고 합니다. 상품 패키지도 생성형 AI를 사용해 디자인되었습니다.

광고에서 케이티는 음료의 효과를 설명합니다. 목소리도 AI를 사용하여 생성했습니다.

게임 X 생성형 AI

생성형 AI를 활용해서 게임을 만들 수 있어요. 게임 AI 개발 전문 회사 모리카트론의 모리카와 유키히토 대표에게 게임과 생성형 AI의 관계에 대한 자세한 이야기를 들어 볼까요?

인터뷰

모리카와 유키히토

· 모리카트론 주식회사 대표
· 게임 AI 설계자
· 그래픽 크리에이터
· 츠쿠바 대학 비상근 강사

게임 제작 현장에서는 어떤 생성형 AI를 많이 쓰나요?

게임 개발 과정은 크게 네 단계로 나눌 수 있어요. 게임 기획, 소재 제작, 프로그래밍, 테스트이지요. 이중 게임 기획과 소재 제작 단계에서 생성형 AI가 많이 쓰입니다. 게임 기획 단계에서 설정이나 스토리를 구상할 때 의논 상대로 생성형 AI를 쓸 수 있어요. 캐릭터의 대사나 아이템의 파워 등을 생성형 AI가 정해 줍니다.

소재 제작 단계에서는 캐릭터나 아이템의 모양, 필드를 생성형 AI로 만들 수 있어요.

게임을 개발하는 과정

1. **게임 기획** AI 사용
   게임 설정, 스토리, 주인공과 악당 캐릭터, 아이템의 파워, 대사 기획하기
2. **소재 제작** AI 사용
   게임에 사용할 그림이나 음악 만들기
3. **프로그래밍**
   컴퓨터로 코드를 입력해서 게임이 작동하게 만들기
4. **테스트**
   버그가 없는지 확인하기
5. **완성**

생성형 AI로 어떻게 캐릭터나 배경을 만드나요?

'파란 머리의 소년 모험가'나 '황금 단검' 등, 특징을 지정하면 캐릭터나 아이템, 필드를 만들어 주는 이미지 생성 AI가 있어요. 사람에게 부탁하면 여러 번 수정해 달라고 하기 부담스럽지만, 생성형 AI는 몇 번이고 수정해도 불평 한 마디 없이 계속 그려 주지요.

필드를 만들 때는 다른 방법도 씁니다. 예를 들어, 숲에는 어떤 종류의 나무와 돌이 어떤 밀도로 있는지 등의 필드 정보를 AI에게 학습시킵니다. 그렇게 하면, "여기는 숲이야"라는 식으로 대략적으로만 지시해도 장소에 적합한 나무와 돌을 배치해 줘요.

AI가 만든 사례

프롬프트(지시)

12살, 남자아이, 파란색 머리카락, 모험가 복장, 애니메이션 스타일, 전신, 캐릭터 디자인 >

결과물

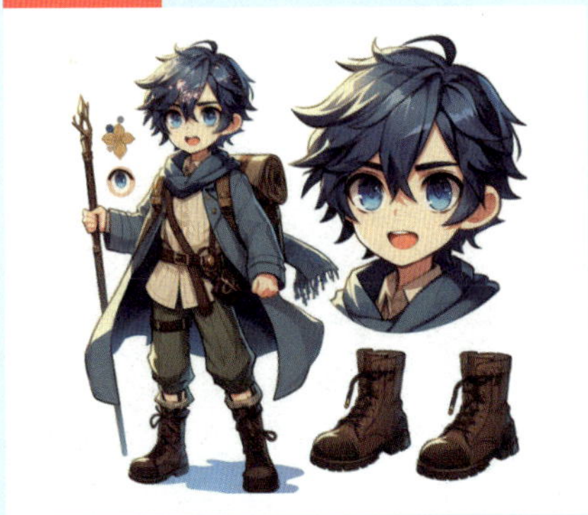

Image Creator로 생성

프롬프트(지시)

마법사 지팡이, 고풍스러운 느낌, 무기 디자인 >

결과물

Image Creator로 생성

처음부터 끝까지 생성형 AI 가 만드는 게임이 있다는 게 정말인가요 ?

저희가 개발한 추리 미스터리 게임 Red Ram(레드 램)이 바로 그런 게임입니다. 질문 5개에 답하면, AI가 게임에 사용할 스토리, 이미지 등 모든 요소를 생성하고, 이를 바탕으로 시나리오를 완성할 수 있지요. 먼저 질문에 대한 답변을 바탕으로 ChatGPT가 스토리나 캐릭터 프로필, 사용할 아이템 등을 생성합니다. 이어서 스테이블 디퓨전으로 게임 내에서 사용할 배경이나 인물, 아이템의 이미지를 생성하고, 마지막으로 이 결과들을 조합해 시나리오를 완성합니다.

물론 5분 정도면 끝낼 수 있는 짧은 게임입니다. 하지만 캐릭터의 복장과 말투가 프로필과 어울리게 짜여 있고, 캐릭터의 표정이 변하는 등의 정교한 연출이 돋보입니다.

2023년 7월 14일부터 16일까지 열린 게임 이벤트 'BitSummit Let's Go!!'에서 발표한 Red Ram

5 개의 질문에 답하면
스토리가 완성돼요 !

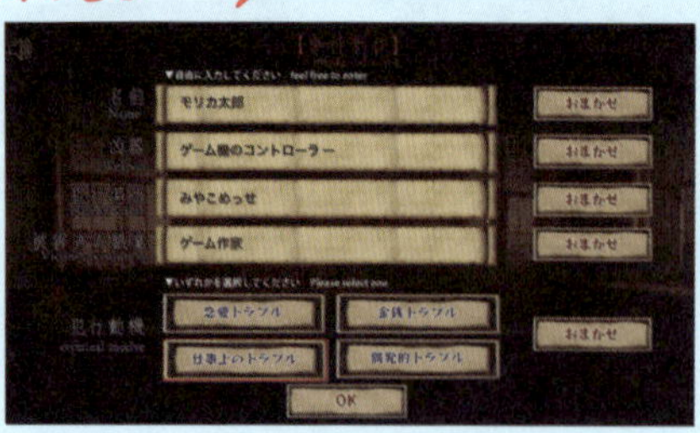

5~10분만에 하나의 시나리오가 생성됩니다. 3일 동안의 데모 플레이로 250건 이상의 시나리오를 생성했습니다.

생성형 AI는 게임 산업에 어떤 영향을 줄까요?

게임을 만들려면 기획 담당자, 시나리오 작가, 그림 작가, 음악 제작자 등 많은 사람이 필요합니다. 전문적인 기술 없이는 불가능한 작업이 있기 때문이지요. 하지만 이제는 일부 작업들을 생성형 AI에게 맡길 수 있게 됐어요. 혼자서도 게임을 만들 수 있는 시대가 된 것이지요. 앞으로는 기술이 부족해도 관심만 있다면, 게임을 만들 수 있게 될 거예요. 많은 사람들이 게임을 직접 제작할 수 있게 될 것입니다.

생성형 AI를 어떻게 사용해야 할까요?

게임의 퀄리티를 높이려면, 시간과 돈이 많이 듭니다. 하지만 생성형 AI를 사용하면 시간과 돈을 적게 들이고도 훌륭한 게임을 만들 수 있게 됩니다. 저는 1997년부터 AI를 도입해 게임을 만들고 있었습니다. AI는 사람은 생각해 내지 못할, 상식에 얽매이지 않는 제안을 하기도 합니다. 그런 제안을 받아들여 새로운 게임이 탄생하길 기대합니다.

PlayStation®용 소프트웨어 『힘내라 모리카와군 2호』
©1997 Sony Interactive Entertainment Inc.

모리카와 씨가 1997년에 만든 『힘내라 모리카와군 2호』. 지적 생명체 피트를 키우면서 모험하는 게임. 시대를 너무 앞서 나간 탓에 당시에는 이해를 받지 못했다고 해요.

쉬는시간

생성형 AI가 지구 온난화를 가속화한다고요?

생성형 AI가 널리 쓰이면서, 많은 사람들이 편리해졌어요. 하지만 생성형 AI 사용량이 늘어날수록 지구 온난화가 가속화된다는 문제도 제기되고 있습니다. 왜냐하면 생성형 AI가 데이터를 학습할 때 전력을 대량으로 사용하기 때문입니다.

스탠포드대학의 연구에 따르면, OpenAI의 ChatGPT(GPT-3)를 학습시킬 때 사용된 전력량은 시간당 1,287메가와트였으며, 이로 인한 이산화탄소 배출량은 약 502톤으로 추정됩니다. 이는 한 사람이 1년 동안 배출하는 이산화탄소량의 약 250배에 해당합니다.

전력을 생산할 때 이산화탄소가 배출되므로, 소비 전력이 증가하면 이산화탄소의 양도 증가합니다. 이산화탄소가 지구 표면을 뒤덮으면, 지구 온난화가 가속화됩니다. 지구 온난화의 영향으로 기온이 상승하면 가뭄이나 큰비 등의 이상 기후로 농작물 수확량이 줄어들고, 동식물 생태계에도 영향을 미칩니다.

현재 세계 각국에서 이산화탄소 배출량을 줄이려 하고 있습니다. 그런데 생성형 AI는 이산화탄소 배출량을 늘리고 있는 것이지요. 생성형 AI를 학습시키는 데이터센터의 전력 소비를 줄이는 등의 대책이 필요합니다. 한편, AI를 통한 자동 제어로 전력 낭비를 줄이는 등 AI 기술을 이용해 에너지를 절약하려는 시도가 이루어지고 있습니다.

CHAPTER 4

여러 가지 생성형 AI 써 보기

1 생성형 AI를 자유자재로 다루는 방법을 알아봐요

프롬프트를 잘 작성하는 요령이 있어요

문장 형식으로 지시해야 하는 생성형 AI가 많습니다. 이때 사용하는 지시문을 프롬프트라고 하지요. **AI로부터 원하는 결과를 얻으려면 프롬프트를 잘 작성해야 합니다.**

AI에게 "반려동물의 이름을 지어 줘"라고만 지시하면, 기대했던 것과 다른 답변을 얻고 실망할 수 있어요. 하지만 반려동물이 강아지인지 고양이인지나, 성별, 털 색깔과 같은 구체적인 정보를 알려 주면, 만족할 만한 답변을 얻을 수 있습니다.

어떤 말을 하든지 반드시 응답이 돌아오는 것이 생성형 AI의 특징입니다. 하지만, 생성형 AI가 학습한 방대한 정보 가운데 적절한 답변을 이끌어 내기 위해서는 명확한 지시와 구체적인 정보가 필수입니다. 프롬프트로 쓰기에 효과적인 문구나 질문 방법을 익혀서 생성형 AI를 잘 활용해 봅시다.

더 알아보기

프롬프트 (Prompt)

프롬프트는 '유도하다, 촉발하다'라는 뜻을 가진 영어 단어로, 컴퓨터로 어떤 처리를 할 때 입력하는 명령이나 지시를 말합니다. "반려동물 이름을 생각해 줘"처럼, 생성형 AI로부터 답변을 얻으려고 입력하는 지시문도 프롬프트라고 부릅니다. 생성형 AI는 프롬프트를 분석하여 가장 적합하다고 판단한 답변을 생성합니다.

프롬프트 작성 요령

토이푸들 이름을 열 개 생각해 줘. ③ ②

푹신푹신한 갈색 털을 가진 여자아이야. ①

20쪽에서도 이 팁에 따라 프롬프트를 작성했답니다.

1 역할이나 조건 지정하기

얻고 싶은 답변과 어울리는 역할을 생성형 AI에게 부여해 보세요. 또는 지시와 관련된 조건이나 정보를 제공해도 좋습니다.

예 초등학교 5학년의 과외 선생님이 되어 줘. / 여행 가이드로서 답해 줘.

2 명확하게 지시하기

"○○ 이야기를 만들어 줘", "△△를 설명해 줘" 등 원하는 것을 명확하게 지시하세요. 중요한 사항은 되도록 문장 앞부분에 쓰는 것이 좋습니다.

예 아이디어를 생각해 줘. / 계획을 세워 줘.

3 답변 형식 지정하기

답변의 글자 수나 아이디어 개수를 지정해도 좋아요. "영어로 답해 줘", "표로 만들어 줘"와 같이 응답 형식을 지정할 수도 있습니다.

예 열 개 제안해 줘. / 아이디어와 그 이유를 알려줘.

4 여러 번 지시하기

추가 지시나 질문을 덧붙이며 원하는 답변에 더 가까워지게 할 수 있습니다. 아무리 해도 잘 안 될 때는 처음부터 다시 해도 괜찮아요.

예 아이디어를 세 개로 추려 줘. / 초등학교 3학년도 알 수 있게 설명해 줘.

잘했어요 Good 프롬프트 사례 ①

너는 생일 축하 전문가야. 역할 지정하기

친구 생일을 축하하고 싶은데, 명확하게 지시하기

무엇을 하면 좋을지 다섯 가지 알려 줘. 답변 형식 지정하기

친구는 11살 여자아이야. 조건과 배경을 제시하기

ChatGPT에게 이렇게 지시를 했더니, 게임 시합을 하거나 소풍을 가라고 하네요. 친구가 좋아하는 것에 초점을 맞춰서, 더 대화를 이어가 보면 좋겠지요?

잘했어요 Good 프롬프트 사례 ②

#지시

초등학생이 좋아할 만한 이야기를 만들어 줘. 명확하게 지시하기

#조건 답변 형식 지정하기

- 글자 수는 1,000자 정도

- 등장인물은 초등학교 3학년, 5학년 형제

- 약간 웃긴 이야기로, 마지막은 감동적이게!

#의 의미는?

줄을 시작할 때 #을 붙이면, 제목처럼 쓰여요. 기호를 이용하면 지시를 명확하게 강조할 수 있어요. 이는 마크다운 문법을 바탕으로 하는 규칙입니다.

처음에는 대략적으로 지시한 다음, 원하는 조건을 추가해 나가도 괜찮습니다. 구체적인 조건을 추가하면 더욱 정확한 답변을 얻을 수 있어요.

잘했어요 Good 프롬프트 사례 ③

영어를 잘하고 싶어. 바라는 내용 전달하기

공부 방법을 생각해 줘. 명확하게 지시하기

필요한 정보가 있으면 나한테 질문해 줘. AI에게 질문받기

생성형 AI에게 어떤 정보가 필요한지 묻는 방법도 있습니다. 대화를 주고받으면서 원하는 응답으로 이끌어 가는 것이지요.

아쉬워요 Bad 프롬프트 사례

이 글을 고쳐 줘. 무엇을 고치라는 건지 이해하기 어려워요

뭔가 재미있는 이야기를 해 줘. 지시가 모호해요

○○에 대한 슬픈 마음을 표현해 줘. 기분이나 감정을 물어요

○○의 미래를 부디 제게 알려 주실 수 있을까요? 지나치게 정중해요

모호한 지시를 하면 엉뚱한 대답을 할 수 있어요. 그리고 AI는 감정이 없어요. 감정에 대해 물으면 적절한 대답이 돌아오지 않습니다.

2 내 꿈을 이룰 방법을 물어봐요

나

너는 여러 직업에 대해 잘 아는 상담사야.
나는 유튜버가 되고 싶은데, 초등학생 때 하면 좋은 게 뭐가 있을까?
이유와 함께 다섯 가지 알려 줘.

첫 번째 응답

AI

유튜브에서 성공하려면 일찍부터 시작하는 것이 중요합니다. 초등학생 때에 해야 할 것은 다음과 같습니다.

흥미를 발견하기

초등학생 때 흥미를 찾으면 좋습니다. 자신이 무엇을 좋아하는지 탐색하고, 그에 대한 콘텐츠를 만드는 것이 중요합니다.

기본적인 스킬 습득하기

유튜브를 하려면, 촬영이나 편집 기술이 필요합니다. 초등학생 때부터 배워 놓으면, 나중에 훌륭한 콘텐츠를 만들 수 있습니다.

안전한 온라인 활동을 하기

인터넷을 올바르게 사용하고 개인 정보를 지키는 법을 이해하는 것도 필요합니다. (이하 생략)

ChatGPT로 생성

생성형 AI에게 직업 상담사 역할을 부여한 다음, 진로에 대해 상담해 봤습니다.

생성형 AI에게 상담을 받을 수 있어요

여러분은 장래희망이 있나요? 꿈을 이루기 위한 방법을 생성형 AI에게 물어 보세요. **어떤 질문을 던지더라도 그에 맞는 아이디어를 제시해 줘요. 대화를 계속 이어가다 보면 좋은 힌트를 얻을 수 있을지 몰라요.**

나

설명이 조금 어려운 것 같아.
초등학생도 이해하기 쉽게 구체적으로 설명해 줘.

쉽게 설명해 달라고 부탁하기

AI

알겠습니다. 초등학생도 이해하기 쉽게 조언해 줄게요.

좋아하는 것을 찾아 보자
예를 들어, 동물을 좋아한다면 반려동물과의 즐거운 경험을 소개하는 것도 좋아. 좋아하는 걸 하면 재미있게 계속할 수 있어.

동영상을 찍어 보자
스마트폰이나 카메라로 동영상을 찍어 봐. 직접 촬영해서 가족이나 친구에게 보여 주면 재미있을 거야.

인터넷 사용 규칙을 배워 보자
인터넷에서 친구랑 이야기할 때는 개인 정보를 알려 주지 마.

재미있는 아이디어를 생각해 보자
예를 들어, 재미있는 목소리로 동화를 읽거나 좋아하는 게임을 하면서 설명하는 것도 좋아. 자신만의 특별한 아이디어를 생각해 보자. (이하 생략)

ChatGPT로 생성

설명이 어려워서 초등학생도 이해하기 쉽게 설명해 달라고 다시 지시했어요. 이번에는 더 쉽게 설명해 주었네요.

3 사진 속 음식의 레시피를 물어봐요

Copilot 사용법

Copilot의 메인 화면. 기본적인 사용법은 ChatGPT와 같습니다(18쪽 참고).

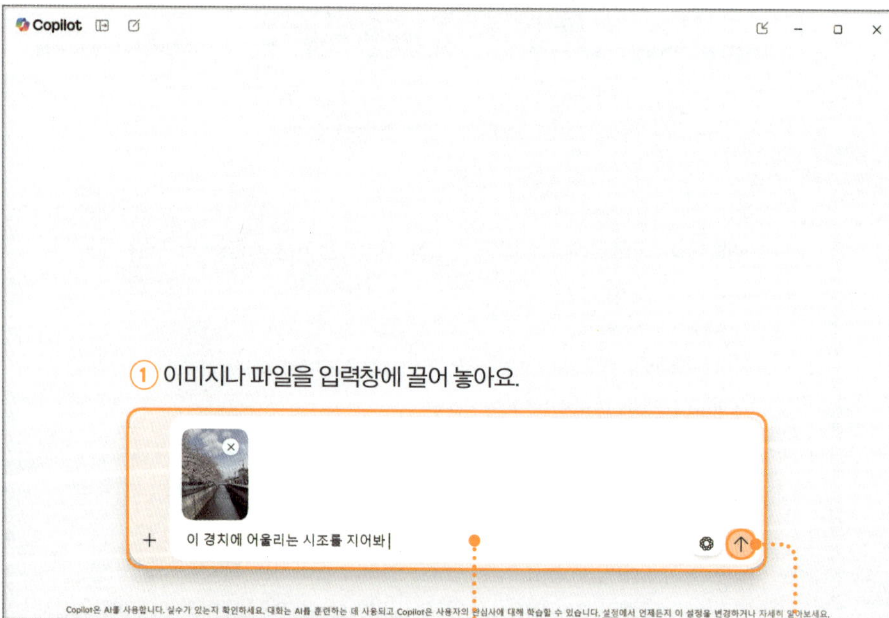

Copilot

https://copilot.microsoft.com/

마이크로소프트에서 제공하는 생성형 AI입니다. 마이크로소프트계정만 있으면 무료로 사용할 수 있어요. 이미지를 분석하거나 생성할 수도 있습니다. 미성년자의 경우 보호자의 동의가 필요합니다.

사진만으로 원하는 정보를 알아낼 수 있어요

생성형 AI에게 사진이나 그림의 정보를 요청할 수 있어요. 텍스트 없이 이미지 파일만으로 질문을 해도 되는 거지요. 식물 사진을 주면서 식물의 이름을 묻거나, 풍경 사진을 주면서 어울리는 시나 이야기를 만들어 달라고 하는 등 다양하게 활용할 수 있습니다.

이렇게 사용해 보세요!

나: 사진 속 음식 이름과 만드는 법을 알려 줘.

레시피 요청하기

AI: 이 사진 속 음식은 파전입니다. 파전은 한국의 전통 음식으로, 파가 주재료이며 간장과 함께 즐기는 전 요리입니다. 만드는 방법은 다음과 같습니다.

1. 재료를 준비합니다: 부침가루(또는 밀가루), 물, 달걀, 쪽파나 대파, 해물(오징어, 새우 등), 식용유, 간장
2. 그릇에 부침가루와 물을 섞어 반죽을 만듭니다.
3. 반죽에 달걀과 파, 해물을 넣고 잘 섞어 줍니다.
4. 가열한 프라이팬에 식용유를 두르고 반죽을 부어 줍니다.
5. 양면이 노릇해질 때까지 굽습니다.
6. 완성된 파전은 간장에 찍어 먹습니다.

Copilot으로 생성

사진 속 파전을 인식하고, 만드는 법도 알려줍니다. 이런 기능은 현재 Google의 생성형 AI인 Gemini(65쪽) 등에서도 무료로 사용할 수 있습니다.

4 미래 도시 이미지를 만들어 달라고 해요

Image Creator 사용법

생성하고 싶은 이미지를 문장으로 입력하면, 그에 맞는 이미지가 생성돼요.

① 만들고 싶은 이미지를 설명하고 테마(스타일)를 입력해요.

② 아이콘을 누르면 지시 내용이 AI에게 전달돼요.

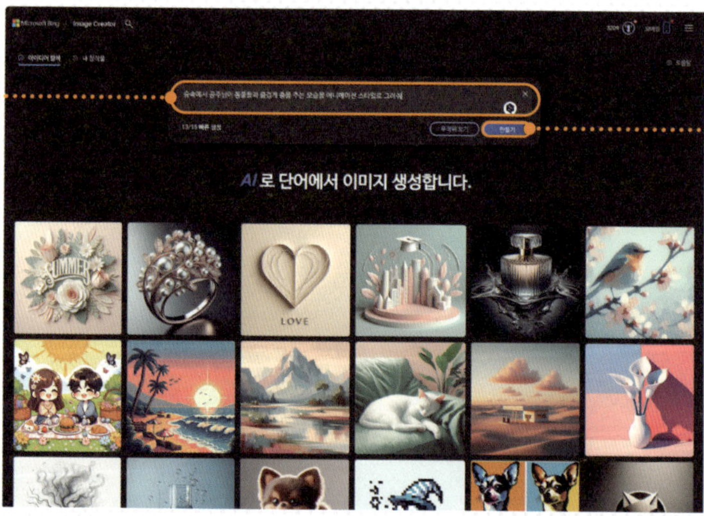

Image Creator

https://www.bing.com/images/create

마이크로소프트에서 제공하는 이미지 생성 AI 기능입니다. 마이크로소프트 계정이 있으면 무료로 사용할 수 있습니다. 이미지를 단 몇십 초 만에 생성합니다.

이런 이미지를 만들었어요!

Image Creator로 생성

상상도 못한 놀라운 그림도 만들 수 있어요

지시에 따라 이미지를 생성하는 AI입니다. '귀여운 강아지 로봇'을 그려 달라고 하면서 애니메이션, 디지털 아트, 유화, 수채화, 연필 스케치, 픽셀 아트, 사진 등 스타일을 지정할 수도 있어요. **조건을 덧붙이면 원하는 이미지를 생성하기 좋을 거예요.**

이렇게 사용해 보세요!

나: 외계인과 즐겁게 살고 있는 1,000년 후의 도시

AI: 이미지 요청하기

애니메이션 스타일로 부탁하면...

Image Creator로 생성

마음에 드는 이미지를 선택해서 다운로드 버튼을 누르면 이미지를 저장할 수 있어요.

5 가사가 있는 노래를 만들어 달라고 해요

Suno AI 사용법

원하는 음악에 대해 입력하면 지시에 맞는 음악을 생성해요.

① 원하는 음악을 설명해요.

② 아이콘을 누르면 지시 내용이 AI에게 전달돼요.

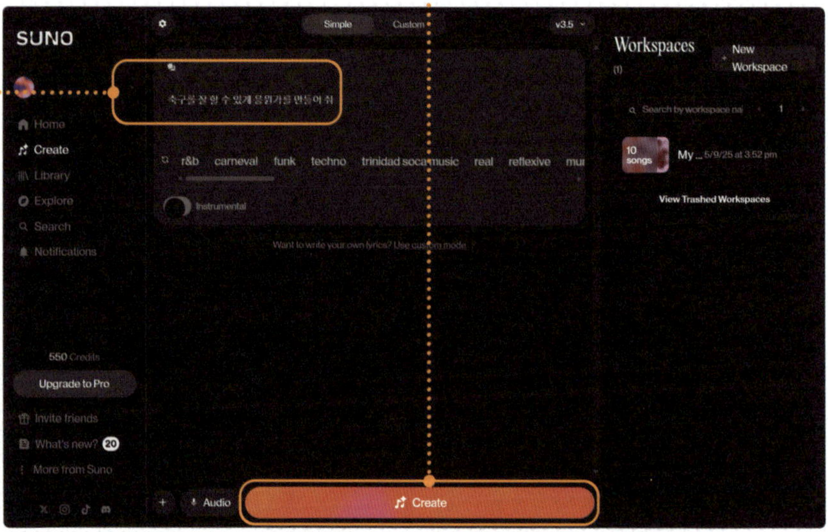

Suno AI

https://suno.com/

미국의 'Suno Inc.'라는 회사가 개발한 음악 생성 AI입니다. 브라우저에서 무료로 사용할 수 있습니다. 음악의 주제나 스타일을 문장으로 입력하면, 곡과 그에 맞는 가사까지 자동으로 생성됩니다. 미성년자의 경우, 보호자의 동의가 필요합니다.

기분에 맞춰 음악을 생성할 수도 있어요

작곡이나 작사는 전문성이 필요한 영역으로 여겨졌습니다. 하지만 음악 생성 AI는 그 장벽을 허물어, 누구나 쉽게 음악을 만들 수 있게 해 줍니다. 이미지나 문장을 입력하기만 하면 간편하게 창작곡을 만들어 낼 수 있고, 자신이 쓴 가사에 곡을 붙일 수도 있습니다.

이렇게 사용해 보세요!

나: 아이들이 좋아하는, 생성형 AI 책의 주제곡

이미지 요청하기

AI:

제목: 미래의 모험가

시작의 예감
가슴 속 설렘에 미지의 세계로
웃음소리가 들려
꿈속에서 반짝이며 빛나는 그들 오늘도
캠프파이어의 불꽃에 둘러싸여
동료들과 노래하고 춤추자
모험의 길은 반짝반짝 빛나
두려움 없이 미래로 나아가자

~~코러스~~

모두 함께 손을 잡고 꿈속으로
잊고 싶던 세계로

함께 만든 커버 이미지

나는 노래도 잘해~♪

플레이 버튼을 누르니, 여성 보컬의 노래가 흘러나와요. 게다가 한번에 두 곡이나 생성되었어요.

Suno AI로 생성

쉬는시간

AI가 전쟁에 이용된다고요?

세계 곳곳에서 전쟁이 벌어지고 있습니다. 매우 슬프게도, 우리의 삶을 편리하고 풍요롭게 만들어 주는 AI 기술이 전쟁터에서는 사람을 해치는 무기로 이용되고 있습니다.

러시아와 우크라이나에서는 AI 무기 개발을 진행하고 있습니다. 이스라엘이 가자 지구를 공격할 때도 AI 시스템을 사용하고 있다고 해요. 카메라와 센서를 탑재한 무인 항공기가 지상을 촬영하면, AI가 그 데이터를 바탕으로 공격할 대상을 분석하는 방식입니다.

현재 빠르게 개발 진행 중인 AI 무기가, 핵무기에 이어 많은 희생자를 낳을 군사 기술이 될지 모른다고 합니다. 미래에는 모든 절차를 사람의 손을 거치지 않고 AI가 알아서 판단하는 자율형 AI 무기가 개발될지도 모릅니다. 이러한 AI 무기를 규제해야 한다는 목소리가 높아지고 있습니다.

AI 연구자들이 만든 '아실로마의 AI 23원칙'(112쪽 참고)에서도 AI를 활용한 무기가 늘어나는 현실에 대해 다음과 같이 호소하고 있습니다. "인공지능 군비 경쟁: 자율형 살상무기의 군비 경쟁은 피해야 한다.*"

AI 기술이 사람을 불행하게 만드는 데 사용되는 것은 무척 안타까운 일입니다. 한 사람이라도 더 행복하게 만들기 위해 AI 기술이 사용되면 좋겠습니다.

* 출처: Future of Life Institute (https://futureoflife.org/open-letter/ai-principles-japanese/)

CHAPTER

5

생성형 AI 똑똑하게 쓰기

1 생성형 AI에 무작정 의존하지 마세요

내가 주체가 되어야 좋은 결과물을 만들 수 있어요

앞으로 기술이 더욱 발전하고 생성형 AI가 더 편리해지더라도, 결국 이를 활용하는 주체는 사람입니다. 지금까지 AI 기술과 생성형 AI의 잠재력에 대해 살펴보았습니다. 하지만 편리하다는 이유로, 스스로 해야 하는 일을 모두 AI에게 맡겨 버린다면 어떻게 될까요? 어느 순간 AI가 없으면 안 되는 사람이 될지도 모릅니다.

가장 중요하게 여겨야 할 것은 바로 여러분의 호기심입니다. 사람에게는 있고 AI에게는 없는 것을 하나 고르자면, 즐거움이나 설렘을 느끼는 마음 아닐까요? 언젠가는 AI가 사람의 감정을 이해하는 날이 올지 모릅니다. 하지만 아직은 먼 미래의 이야기입니다.

일상 생활에서, 특히 공부를 하며 생성형 AI를 활용할 때 AI의 답변에 쉽게 만족하지 않았으면 합니다. AI가 준 아이디어에 대해 여러분이 어떻게 느끼는지 놓치지 마세요. **수많은 선택지 속에서 "이게 좋아!"라고 선택하는 판단력이나, 기존의 것을 "더 좋게 만들고 싶다!"라고 생각해 발전시키는 창의력은 앞으로 더욱 중요해질 것입니다.**

생성형 AI는 분명히 뛰어나고 유용한 기술입니다. 하지만 어떻게 활용할지는 우리의 역량에 달려 있습니다.

사람과 AI가 각자의 장점을 살려야 해요

AI에게는 감정이 없어요. 또, 실제 경험으로부터 무언가를 느끼고 교훈을 얻는 일도 없습니다.
반면, 인터넷을 통해 전 세계의 정보를 끌어오는 AI의 능력은 한 사람의 힘으로 절대 해낼 수 없지요.

2 생성형 AI도 잘하는 일과 못하는 일이 있어요

생성형 AI의 장단점을 잘 알면 다루기 쉬워요

ChatGPT와 같은 생성형 AI와 대화를 하다 보면, 마치 사람과 이야기하는 것처럼 느껴질 때가 있습니다. "바쁘고 피곤해"라고 입력하면, "수고하셨어요. 푹 쉬세요"라고 답이 돌아오기도 하지요. 하지만 사실 그 말은 배려하는 마음에서 나온 말은 아닙니다.

생성형 AI에게도 장단점이 있습니다. **짧은 시간 안에 사람이 할 수 있는 것보다 많은 아이디어를 생성할 수 있다는 점은 큰 장점입니다.** 방대한 양의 데이터를 학습했기 때문에, 예상치 못한 새로운 아이디어를 만들어 낼 수도 있습니다.

하지만, **AI에게는 감정이 없기 때문에, 말의 이면에 있는 감정이나 숨겨진 의도를 읽어내는 일은 할 수 없습니다.** 또한, 실제로 체험한 것을 기반으로 정보를 제공하거나 직감적으로 좋고 나쁨을 판단하는 일 또한 할 수 없습니다.

생성형 AI의 특징을 이해하고 생성형 AI가 잘하는 분야에서 능력을 발휘하게 하는 것이 생성형 AI를 능숙하게 사용하는 요령입니다.

생성형 AI의 프로필

잘해요

시키는 일을 잘 따라요.

많은 아이디어를 내요.

지치지 않아요.

빠르게 발전시켜요.

기발한 응답이나 아이디어를 만들어요.

못해요

좋고 나쁨을 판단할 수 없어요.

숨겨진 의도를 읽어낼 수 없어요.

다른 사람의 마음을 이해할 수 없어요.

거짓말을 할 때도 있어요.

생성형 AI 기술은 놀라울 정도로 빠르게 발전하고 있어요. 지금 못하는 것이 개선될지도 몰라요.

생각해 보기 생성형 AI에게 어떤 일을 시켜야 능력을 발휘할 수 있을지 열 가지 생각해 보세요!

3 생성형 AI를 무조건 믿으면 안 돼요

생성형 AI는 아무렇지 않게 거짓말을 하기도 해요

ChatGPT에게 질문을 하면, 순식간에 답변을 해 줍니다. 정중한 문체로 그럴듯하게 쓰여 있기 때문에, 믿을 수 있는 대답이라고 생각하기 쉬워요. **그러나 지금의 생성형 AI는 사실을 확인하는 데 사용하는 용도로 쓰기에 부적절합니다.**

생성형 AI는 인터넷 등에서 방대한 데이터를 학습합니다. 이를 바탕으로 답변을 생성하는 구조로 되어 있어, 학습 데이터에 잘못되거나 편향된 내용이 있으면 사실과 다른 정보을 줄 수 있습니다.

특히 최신 정보나 전문적인 지식을 물었을 때, 사실과는 다른 답변이 나오는 경우가 있습니다. 심지어 학습 데이터에 없는 정보를 만들어 내기도 합니다. **따라서 정확한 답이 필요한 내용보다는, 문장을 생성하거나 아이디어를 얻는 등 무언가를 창작하는 데에 도움을 받는 것이 현명합니다.**

더 알아보기

할루시네이션 (Hallucination)

생성형 AI가 사실과 다른 정보를 사실처럼 답변하는 현상을 할루시네이션이라고 합니다. 우리말로 다듬은 표현으로는 '허위 생성'이라는 말도 있어요. 생성형 AI가 내놓는 답변의 신뢰도를 높이기 위해 할루시네이션을 줄이는 연구가 진행되고 있습니다.

틀린 답을 내놓기도 해요

나: 세상에서 제일 놀라운 발명품이 있을까?

AI: 물론입니다.
시간을 되돌릴 수 있는 시계가 있어요.

그런 건 없어요!

나: 고척 스카이돔은 언제 완공됐어?

AI: 고척 스카이돔은 **2016년**에 완공됐습니다.

실제로는 2015년!

답변에 틀린 내용이 섞여 있을 수 있어요.

AI가 주는 정보가 항상 맞지는 않다는 걸 기억하세요!

생각해 보기

AI가 하는 거짓말은
어떤 문제를 일으킬 수 있을까요?

4 생성형 AI의 위험성 ① 가짜 뉴스

AI가 만든 가짜 뉴스가 진실처럼 퍼져요

AI를 사용해서 잘못된 정보를 만들고 이를 SNS 등으로 퍼뜨려, 다른 사람들을 혼란에 빠뜨리는 사람들이 있습니다. 이렇게 의도적으로 만든 잘못된 정보를 가짜 뉴스라고 부릅니다.

재난 등 위험한 상황이 발생했을 때 가짜 뉴스가 확산되면, 최악의 경우 사람의 생명을 해치는 문제가 일어날 수도 있습니다. 모르고 잘못된 정보를 퍼뜨렸다가 다른 사람들을 위험에 빠뜨릴 수 있으니, 주의해야 합니다. 최근에는 동영상과 음성까지 AI로 생성하여 가짜 뉴스를 만들기도 합니다. 특정 인물이 실제로 하지 않은 말을, 마치 진짜처럼 속이기 한 것이지요.

앞으로 기술이 더욱 발달하면, 가짜 뉴스를 판별하기가 더 어려워질지도 모릅니다. **정보를 받아들일 때 정확한 정보가 맞는지 잘 확인해 보는 것이 중요합니다.**

더 알아보기

딥페이크 (Deep fake)

딥러닝과 페이크(가짜)를 결합한 말입니다. 영상이나 음성을 바탕으로 생성형 AI가 만들어낸 가짜 영상을 의미합니다. 외국의 대통령이 다른 언어로 말하는 딥페이크 영상이 수백만 회 재생된 사례가 있습니다. 딥페이크는 악용될 위험이 커, 많은 사람들이 우려하고 있습니다.

가짜 뉴스 확산이 미치는 영향

가짜 뉴스

드론으로 촬영한 침수 현장.
정말 비참하다

2022년 9월 26일 오전 4:39

2022년, 태풍이 일본을 강타했을 때, 도심 지역이 광범위하게 침수된 사진이 SNS에 게시되었습니다. 이 정보는 순식간에 퍼져 나갔지만, 나중에 생성형 AI로 만든 가짜였다는 사실이 밝혀졌습니다. AI 영상을 악용한 사례로 전 세계에 알려졌습니다.

가짜 뉴스를 구별하려면

- ☐ **SNS에만 퍼진 소문이 아닌지 출처를 확인한다.**
- ☐ **신문이나 TV뉴스 등 다른 미디어 자료도 조사해 본다.**
- ☐ **문장 표현이 부자연스럽지 않은지 유심히 살펴본다.**

5 생성형 AI의 위험성 ② 편견

사람이 가진 편견이 AI에게도 반영돼요

여러분은 유치원 선생님을 떠올리면 어떤 모습이 떠오르나요? 앞치마를 두른 여성을 떠올릴지도 몰라요. 하지만 실제로는 남자 유치원 선생님도 많지요. 유치원 선생님은 무조건 여성일 것이라는 생각은 치우친 생각, 즉 편견이라고 할 수 있습니다.

어떤 생성형 AI에 '유치원 선생님'이라고 입력하자, 아이들에게 둘러싸인 여성의 이미지가 생성되었습니다. AI가 유치원 선생님은 무조건 여성일 것이라는 편견을 가진 것은 아닙니다. 그렇다면 왜 이런 결과가 나온 걸까요?

AI가 인터넷 등에서 성별·인종·문화적 배경과 관련한 편견이 섞인 데이터를 그대로 학습했기 때문입니다. AI가 생성한 결과물에 섞인 편견은 불평등이나 차별을 퍼뜨릴 수 있습니다. 따라서 늘 이러한 점에 주의하면서 사용해야 합니다.

더 알아보기

편견 편견은 선입견이나 편향된 사고방식을 말합니다. 편견은 자유로운 발상을 방해하거나 적절한 판단을 어렵게 만들고, 때로는 다른 사람에게 상처를 줄 수도 있습니다. 이러한 문제는 AI가 생성한 이미지뿐 아니라 텍스트에서도 발생하고 있습니다.

편견이 반영된 AI 이미지 사례

프롬프트

유치원 선생님을 그려 줘. >

AI 생성

Image Creator로 생성

프롬프트

의사를 그려 줘. >

AI 생성

Image Creator로 생성

편견은 나도 모르게 스며드는 것이라,

가려내기 어렵지요!

6 생성형 AI의 위험성 ③ 저작권 문제

AI가 생성한 결과물의 권리는 누구에게?

사람이 창작한 모든 작품은 저작권에 의해 보호받고 있습니다. 여러분의 독서 감상문이나 그림도 마찬가지입니다. 그렇다면 AI가 만든 결과물은 어떨까요? 사실 이것과 관련해 두 가지 문제가 있습니다.

첫째는 AI가 학습하는 데이터에 관한 문제입니다. AI가 학습하는 인터넷의 데이터 중에는 저작권을 보호하기 위해 무단 사용이 금지된 것도 포함되어 있습니다. AI가 이런 데이터까지 무단으로 사용하며 저작권을 침해하고 있다는 시각이 있습니다.

둘째는 AI가 생성한 결과물에 관한 문제입니다. **법적으로는 사상이나 감정이 없는 AI가 만든 결과물에는 저작권이 없다고 해석됩니다.** 하지만 AI가 만든 것을 사람이 가공한다면, 그 결과물의 저작권은 어떻게 판단해야 할지 등이 아직 확실히 정해지지 않았습니다.

더 알아보기

저작권 문학이나 미술, 음악 등의 저작물을 만든 사람이 가지는 권리를 말해요. 저작물을 무단으로 공개하거나 그대로 베끼거나, 수정하는 것은 저작권을 침해하는 일입니다. 현재 저작권법에서는 저작물을 사람의 사상 또는 감정을 표현한 창작물로 정의하고 있습니다.

저작권은 중요해요

생성형 AI를 활용해 누구나 쉽게 글, 그림, 음악, 영상 등 다양한 창작물을 만들 수 있는 환경이 조성되고 있습니다. 모두가 함께 생성형 AI의 저작권 문제를 고민해야 합니다.

다른 사람이 창작한 글이나 그림을 자기 것처럼 몰래 사용하면 안 돼요!

생각해 보기

생성형 AI의 도움을 받아 만든 작품은 창작물이 아니라고 생각하나요?

7 생성형 AI를 쓸 때 지켜야 할 규칙이 있어요

편리한 생성형 AI, 올바르게 사용해야 해요

생성형 AI는 텍스트와 이미지를 만들거나, 새로운 아이디어를 얻는 등 다양한 상황에서 활용할 수 있어 무척 편리해요. 하지만 어떻게 사용하는지에 따라, 예상치 못한 결과를 불러일으킬 수 있습니다. 생성형 AI는 아직 발전 중인 기술이기 때문입니다. **따라서 이용하기에 앞서 지금까지 소개한 생성형 AI의 특징을 잘 이해하는 것이 좋습니다.**

생성형 AI 서비스마다 나이 제한(65쪽 참고) 등의 가이드라인이 정해져 있습니다. 보호자와 함께 미리 확인하고, 제시된 범위 안에서 사용하도록 하세요.

각 서비스에서 제시한 가이드라인 외에도, 다음과 같은 규칙도 지켜서 사용해야 합니다. 우선, 글짓기 등 숙제를 할 때 생성형 AI가 만든 결과물을 그대로 제출해서는 안 됩니다. 여러분이 실력을 쌓는 데 도움이 되지 않고, 저작권을 침해할 수도 있습니다. 또한 생성형 AI는 우리가 입력하는 정보도 학습합니다. 그러므로 프롬프트를 입력할 때 개인 정보나 다른 사람에게 상처를 주는 말 등을 사용하지 않도록 주의해야 합니다.

이런 부분을 주의하세요!

① 보호자와 함께 이용하기

ChatGPT 이용 가능 연령은 13세 이상입니다. 미성년자는 보호자와 함께 사용해야 합니다. 가족이나 믿을 수 있는 사람과 상의하며 사용하는 것이 가장 좋습니다.

② 숙제로 그대로 내지 않기

숙제의 답을 AI에게 물어보거나 독서 감상문을 대신 쓰게 한 다음, 그대로 제출하면 안 됩니다. 시, 미술, 음악과 관련해서도 마찬가지입니다. 힌트를 얻는 정도로만 쓰세요.

③ 개인 정보는 입력하지 않기

주소나 전화번호 등 개인 정보는 절대로 입력하면 안 됩니다. 입력한 데이터가 학습되어 퍼져 나갈 위험이 있기 때문입니다.

④ 다른 사람의 작품을 그대로 쓰지 않기

창작물을 허락 없이 사용하는 것은 저작권(104쪽 참조)을 침해하는 행위입니다. 소설, 시, 애니메이션에 사용된 이미지 등을 AI에 입력하면 안 됩니다.

⑤ 다른 사람에게 상처 주는 말 쓰지 않기

AI는 차별 표현을 그대로 학습합니다. 내가 입력한 말이 다른 곳에서 출력되어 누군가에게 상처를 주는 일이 없도록 신중하게 사용해야 합니다.

작곡 X 생성형 AI

생성형 AI로 정교한 음악도 만들 수 있을까요? 작곡 AI인 'Music TGA'를 개발한 아마데우스코드의 이노우에 준 대표에게 물어 보았습니다.

인터뷰

이노우에 준

· 주식회사 아마데우스코드 대표
· 음악 프로듀서
· 작사가

작곡 분야에서는 언제 생성형 AI를 쓰나요?

작곡가마다 곡을 만드는 과정이 달라서, 순서를 일반화하기 어려워요. 테마, 구성, 멜로디, 하모니, 리듬, 가사를 만들고, 이것들을 모두 아울러 정리하는 일인 편곡까지 마치면 곡이 완성되지요. 작곡 분야에서는 아직 생성형 AI가 널리 쓰이지는 않습니다. 하지만 테마를 정하거나 가사를 쓸 때 생성형 AI에 조언을 구하는 등, 생성형 AI를 활용할 방법은 얼마든지 많을 겁니다. 저희가 개발한 작곡 AI인 MusicTGA는 구성, 하모니, 멜로디, 리듬을 만들어 줍니다.

작곡하는 과정

1. **테마** AI 사용
   곡의 장르와 주제 생각하기
2. **구성** AI 사용
   A파트, B파트, 후렴구의 배치 정하기
3. **멜로디, 하모니, 리듬** AI 사용
   보컬이나 여러 악기를 쓸 부분 배치하기
4. **가사** AI 사용
5. **편곡**
   작업한 내용 종합하기
6. **완성**

생성형 AI로 어떻게 곡을 만드나요?

작곡 AI인 MusicTGA는 음악의 3대 요소인 멜로디, 하모니, 리듬을 생성합니다. iOS 앱인 Amadeus Topline에서 사용할 수 있지요. 4초에 1곡을 만드는 놀라운 속도를 자랑합니다. AI가 만든 결과물은 그 자체로도 완성도가 높지만, 컴퓨터 음악 편집 프로그램인 DAW로 음색이나 악기, 멜로디 등을 바꾸면 자기 취향에 딱 맞는 곡을 만들 수 있어요. MusicTGA는 약 1,300개의 히트곡을 학습했습니다. 생성형 AI를 이용해서 전문적인 지식이 없이도 작곡할 수 있게 된 것이지요.

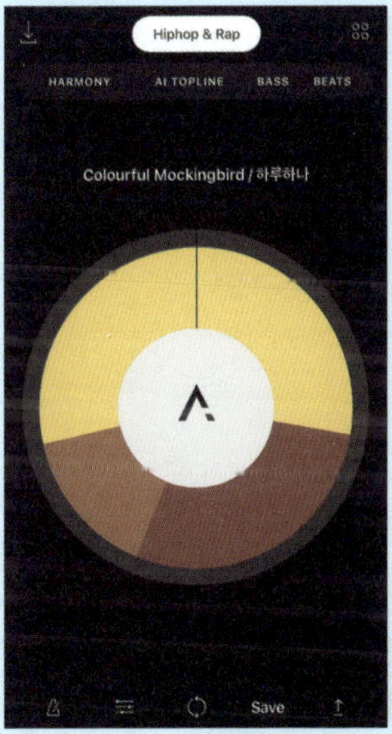

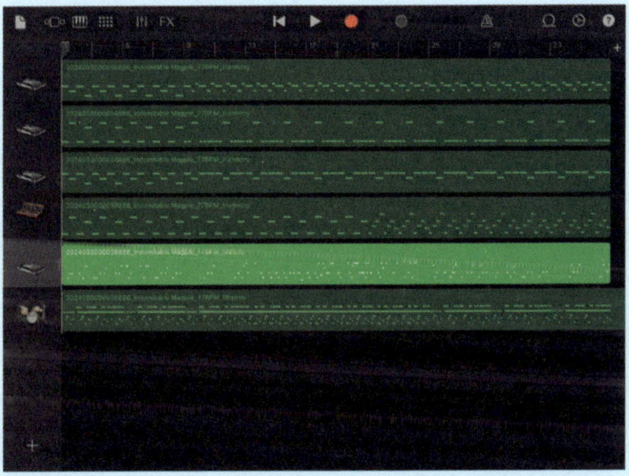

iOS 앱 Amadeus Topline 화면. 버튼 하나만 누르면 바로 음악이 생성된다(왼쪽)./DAW 소프트웨어에서 악기 등 음색를 바꾸는 장면. 이렇게 하면 곡에 깊이가 더해진다(위쪽).

음악의 6대 요소

MusicTGA가 생성해 주는 부분

멜로디	리듬	음색
밴드의 보컬이 표현하는 파트	밴드의 베이스나 드럼 파트	악기나 보컬의 특색
하모니	**양식**	**감정 표현**
밴드의 기타 파트	재즈, 왈츠 등 장르	진짜 사람만 할 수 있는 영역

생성형 AI를 활용한 작곡의 장단점이 있나요?

가장 큰 장점은 곡을 만드는 데 걸리는 시간을 크게 줄여 준다는 점입니다. 보통 멜로디를 떠올리는 데 시간이 많이 걸려요. 하지만 생성형 AI의 도움을 받으면 영감을 빨리 얻을 수 있어요. 마음에 들 때까지 아이디어를 계속 제안해 주니까요. 전문적인 지식이 없어도 작곡할 수 있다는 것도 장점입니다. 누구나 스마트폰 하나로 작곡할 수 있으니까요.

단점은 기계가 만든 음악이라는 것 정도일까요? 사람이 직접 만든 곡과 달리, 감정이 느껴지지 않는다며 거부감을 드러내는 사람들도 있습니다.

장점

- 영감이 떠오를 때까지 걸리는 시간이 줄어든다.
- 아이디어를 많이 얻어, 영감을 얻기 쉬워진다.
- 세상에 공개할 작품 수를 빨리 늘릴 수 있다.
- 전문적인 지식이 없어도 작곡할 수 있다.

단점

- 곡에 감정이 없다고 느끼는 사람들도 있다.
- 관련 법이 완전하지 않다.

생성형 AI는 음악 분야에 어떤 영향을 줄까요?

지금까지 작곡 분야는 몇몇 사람들만 할 수 있는 영역으로 여겨졌습니다. 그러나 생성형 AI 덕분에 전문 교육을 받지 않고 악기를 다루지 못하는 사람도 작곡할 수 있게 되었지요. 기존 작곡가들 역시 AI를 활용해서 작업 시간을 단축시켜, 더 많은 작품을 완성할 수 있습니다.

최근 동영상을 올리는 사람이 폭발적으로 늘어나면서, 동영상이나 게임에 쓰이는 배경 음악은 점차 생성형 AI가 만들게 될 것으로 보입니다. 피아노가 보급되어 전 세계가 비슷한 음계를 쓰게 되면서, 좋은 음악이 많이 만들어졌습니다. 마찬가지로 생성형 AI를 사용하게 되면서 더 많은 좋은 음악이 탄생하리라 기대합니다.

생성형 AI를 어떻게 활용해야 할까요?

영국에는 컴퓨터 작곡 수업이 있어요. 학생들이 DAW를 사용해 작곡하고, 음색을 바꿔가며 음악을 완성합니다. 앞으로는 생성형 AI도 함께 활용되겠지요.

음악에 흥미를 느끼는 것 자체가 재능입니다. 음악을 좋아한다면, 꼭 직접 만들어 보세요. 이론에 맞는지는 중요하지 않습니다. 자신이 좋다고 느끼는 것을 자유롭게 표현해 보세요. 생성형 AI가 도와줄 것입니다.

아실로마 AI 23 원칙이 뭔가요?

2017년, AI, 경제학, 법률, 철학 등 다양한 분야의 연구자들이 미국 캘리포니아 주 아실로마에 모였어요. 인류에게 유익한 AI란 무엇인지 논의하기 위해서였지요. 그 결과를 정리한 것이 바로 아실로마 AI 23 원칙입니다. 간단히 요약하면 다음과 같습니다.

- 기술 경쟁에만 매달리지 않고, 인류 전체에 유익한 일인지 고려하며 개발한다.
- AI로 인해 사람의 가치관, 권리, 자유, 문화적 다양성이 훼손되지 않게 한다.
- AI에 의해 창출되는 이익은 인류 전체와 널리 공유한다.
- 고도로 발달한 AI는 역사에 중대한 변화를 일으킬 가능성이 있으므로, 엄중하게 계획 및 관리되어야 한다.

AI 개발이 사람들을 위협하지 않고 전 인류에게 이익을 가져다 줄 수 있도록 연구 과제, 윤리와 가치, 장기적 과제라는 세 주제의 가이드라인이 마련됐습니다. 이 원칙은 법적 구속력은 없습니다. 하지만 AI를 개발하거나 사용하는 모든 사람들이 생각하기를 바라는 마음으로 만들어졌어요. 레이 커즈와일 박사(118쪽 참고)와 스티븐 호킹 박사를 포함해 3,000명 이상의 연구자와 관계자들이 지지했답니다.

CHAPTER

6

미래를 바꾸는 AI

1 AI가 발전하면 일상이 어떻게 바뀔까요?

AI로 해결할 수 있는 사회 문제

문제	해결
학생 수에 비해 부족한 선생님 수	**학생 한 명당 AI 선생님 한 명**

AI 선생님이 학생을 한 명씩 전담할 수 있어요. 각자의 수준과 흥미에 맞춰 수업하는 것이지요. AI 선생님은 학생이 잘하는 부분, 어려워하는 부분을 분석하여 수업 내용을 자유자재로 바꿀 수 있어요. 수업 시간과 장소도 더 자유로워질 거예요.

문제	해결
예술가가 되려면 재능과 전문 교육 필요	**의지에 따라 생기는 기회**

예술가가 되려면 전문 교육을 받아야 한다고 생각했습니다. 하지만 생성형 AI 기술을 활용하면, 악기를 다루지 못해도 작곡을 할 수 있고 그림에 재능이 없어도 화가가 될 수 있습니다. 개인의 의지만 있다면 기회가 주어지는 것이지요.

AI의 도움으로 더 살기 좋은 사회로!

AI는 사람들이 더 편리하고 풍요롭게 살게 하기 위해 존재합니다. 예를 들어 부족한 농촌 일손은 쉬지 않고 일할 수 있는 AI 로봇이나 생성형 AI로 보완할 수 있습니다. 그리고 AI 덕분에 누구나 많은 정보에 접근할 수 있기 때문에 사회적 격차를 줄이는 데에도 도움이 됩니다. **이처럼 AI 기술의 발전과 확산을 통해 다양한 사회 문제를 해결할 수 있을 것으로 기대됩니다.**

문제 → **해결**

운전기사 수 부족으로 줄어드는 버스 노선 → **자율주행 기술로 운전기사 부족 해소**

인구가 줄어들며 운전사도 부족해졌습니나. AI 자율주행 시스템이 도입되면 대중교통을 이용하기 좋을 거예요.

문제 → **해결**

기나긴 병원 대기 → **가벼운 증상은 집에서 상담**

최신 의료 정보를 학습한 AI 의사가 생길 거예요. 집에서도 간단한 의료 상담을 받을 수 있겠지요.

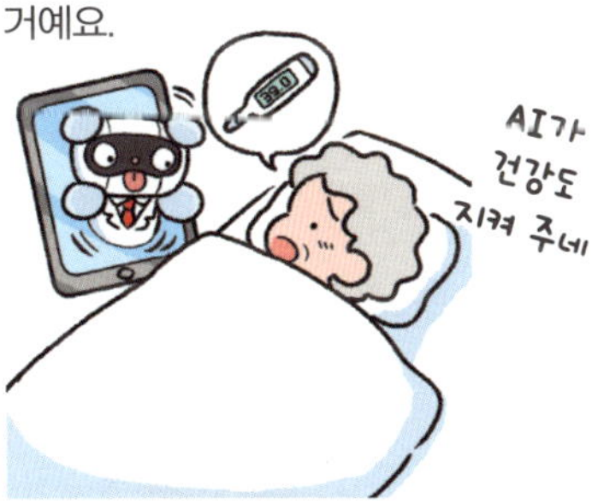

문제 → **해결**

고령화와 일손 부족 → **농촌 일손 문제 해결**

AI 로봇을 이용해 농작물 수확을 자동화하면, 고령화 및 일손 부족으로 고민하는 농가에 도움이 될 거예요. 자연재해 예측에도 유리합니다.

2 앞으로 어떤 AI가 등장할까요?

무엇이든 할 수 있는 만능 AI를 목표로!

최근의 AI는 특화형 AI로 불립니다. 문장이나 이미지 등 특정 분야에만 능력이 한정된 것이 특징입니다. **연구자들은 앞으로 범용 AI, 쉽게 말해 만능 AI를 만드는 것을 목표로 삼고 있습니다.**

범용 AI를 개발할 때 사람의 뇌 전체 구조를 참고합니다. 사람의 뇌는 뇌 안의 각 부분들이 서로 연결되어 기능합니다. 이 구조를 모방함으로써 범용 AI를 구현할 수 있다고 여기는 것이지요. 범용 AI가 특화형 AI와 가장 다른 점은, 사람의 사고 과정이나 감정에 따라 반응할 수 있다는 점입니다. 말하자면 사람을 흉내 내는 능력이 고도로 발전된 셈이지요.

사람의 뇌처럼 복잡한 정보를 처리할 수 있으므로, 사람과 비슷한 방식으로 다양한 문제에 대응하고 폭넓은 분야의 일을 처리할 수 있을 것입니다.

더 알아보기

사람의 뇌 구조

사람의 뇌는 언어·공간 인식·사고를 담당하는 대뇌 신피질, 기억에 관여하는 해마, 신체의 운동을 조절하는 기저핵 등 부위마다 서로 다른 기능을 맡습니다. 프로그램으로 대체하여 각 기능을 자동으로 연결하는 구조를 만들어, 범용 AI를 실현할 것으로 보입니다.

사람의 뇌와 같은 방식으로 작동할 거예요

2030년쯤에는 사람과 동등한 두뇌 기능을 가진 범용 AI가 나타날 거라고 예측하는 학자도 있습니다. 기쁨, 슬픔과 같은 사람의 감정을 이해하고 스스로 학습하고 진화하는 AI일 것입니다. 드디어 만화에서 봤던 완벽한 로봇을 실제로 만나게 될지도 모르겠네요.

생각해 보기 사람보다 똑똑한 범용 AI가 탄생하면, 어떤 사회가 될까요?

3 사람을 뛰어넘는 AI가 등장할지 몰라요

커즈와일 박사는 2045년을 주목하고 있어요

인공지능 연구자이자 미래학자인, 미국의 레이 커즈와일 박사는 저서 《특이점이 온다》에서 AI의 진화에 관해 이야기했습니다. 그는 2029년에는 모든 분야에서 AI가 인간의 지능을 뛰어넘을 것이라고 했어요. **더 나아가, 2045년에는 AI가 스스로 개선하는 능력을 갖추는 '특이점'이 올 것이라고 예측했습니다.**

AI가 고도로 발전하면, 불치병을 치료할 수 있게 되는 등의 긍정적인 영향이 있을 것이라고 기대하고 있습니다. 반면 우려의 목소리도 있습니다. 예를 들어, 안전해 보이는 AI도 목표를 달성하는 과정에서 통제를 벗어나 폭주할 가능성이 있습니다.

또, 가장 먼저 스스로 진화하게 된 AI가 모든 것을 독점할 위험도 있습니다. 다른 어떤 사람과 AI도 따라잡지 못하게 되는 것이지요.

더 알아보기

특이점 정확한 영어 표현은 'Technological Singularity'로, 기술적 특이점을 뜻해요. AI 개발이 계속 진행되어 언젠가 AI가 스스로 개선할 수 있는 능력을 갖추게 되면, 엄청난 진화를 일으키게 될 거에요. 그렇게 되면 지금까지의 상식이나 법칙이 통하지 않는 세계가 시작될 것이라고 예측하고 있어요.

AI가 인류를 넘어서는 날

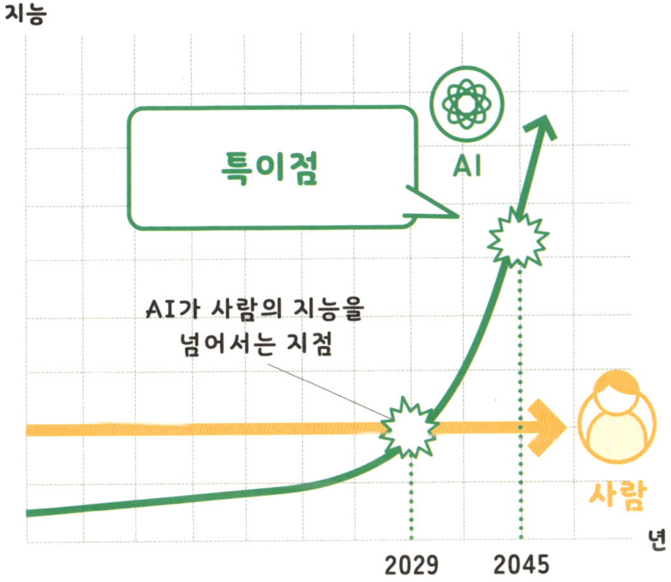

특이점을 넘어서면, AI가 AI에게 지시를 내리거나 직접 AI를 만들게 될 겁니다. 그 말은 곧, 사람의 힘으로는 통제할 수 없어질 위험도 있다는 뜻입니다. 그러한 비극이 일어나지 않도록, 2017년에 인공지능 개발 지침인 아실로마 AI 23원칙이 발표됐습니다.

4 AI가 발전하면 사람이 할 일이 없어질까요?

사라지는 직업뿐 아니라, 새로 생기는 직업도 있을 거예요

한 조사에 따르면, 수십 년 안에 49%의 직업이 AI의 영향을 받는다고 합니다. 건물을 순찰하는 경비원은 AI 탑재 로봇이, 데이터를 기반으로 응답하는 오퍼레이터는 음성 생성 AI가 대신할지도 모릅니다. **특히 AI가 잘하는 반복적인 업무나 데이터만 있으면 수행 가능한 직업들이 크게 영향을 받을 것으로 보입니다.**

한편 판단해야 하는 직업, 사람들에게 심리적 안정감을 주는 직업 등은 계속 유지될 것으로 보입니다. **프롬프트 엔지니어와 같은 새로운 직업도 생겨나고 있습니다.** 프롬프트 엔지니어가 하는 일은 AI에 적절한 지시를 내려 업무의 정확도를 높이는 것입니다. AI를 탑재한 로봇과 공존하기 위해서는 로봇의 고장이나 오류에 대응하거나, 목적에 맞는 로봇을 제안하는 직업이 필요해질 수 있습니다.

더 알아보기

프롬프트 엔지니어

지금의 AI는 지시를 내리는 방식에 따라 답변의 품질이 크게 달라집니다. 프롬프트 엔지니어는 AI와 대화하면서 지시를 내리고, AI로부터 최적의 답변을 이끌어 내는 직업입니다. AI가 더욱 진화하여 답변의 정확도가 높아지면 필요 없는 직업이 될 수도 있습니다.

AI 사회의 직업 목록

사라질 위험이 높은 직업

- 일반 사무직
- 회계 담당자
- 경비원
- 버스 운전사
- 계산대 직원
- 은행 창구 직원
- 기숙사·건물 관리자
- 호텔 객실 담당자

사라질 위험이 낮은 직업

- 아트 디렉터
- 영화 감독
- 정신과 의사
- 물리치료사
- 국어 선생님
- 음악 선생님
- 학교 상담 선생님
- 메이크업 아티스트

새롭게 생길 직업

- 프롬프트 엔지니어
- 로봇 어드바이저
- AI를 점검하거나 수리하는 직업

생각해 보기

여러분은 어떤 일을 하고 싶나요?

그 직업도 AI의 영향을 많이 받을까요?

5 AI와 공존하려면 어떻게 해야 할까요?

AI를 외면하지 마세요

AI에 대한 인식을 조사한 한 연구에 따르면, 응답자의 40% 이상이 생성형 AI에 대해 기대감을 가지고 있다고 합니다. 반면, 약 23%는 불안감을 느낀다고 답했어요. 여러분에게 AI는 어떤 존재인가요?

AI에게는 우리의 삶을 풍요롭고 즐겁게, 편리하게 만들어 줄 힘이 있습니다. 그러나 한편으로 기술적으로 아직 완성되지 않았다는 문제도 있습니다.

2023년 3월, ChatGPT의 개발과 테스트를 중단해 달라는 내용의 편지가 전 세계 많은 전문가와 기업가의 목소리로 발표되었습니다. 생성형 AI는 매순간 빠르게 발전하고 있습니다. 이렇게 빠른 속도로 발전시켜도 괜찮은 것인지, 훗날 인류를 위협하게 되지는 않을지, 잠시 멈추고 고민할 필요가 있다는 내용의 발표입니다.

인류는 이미 고도의 인공지능을 개발할 만큼, 기술 발전의 중요한 단계에 도달했습니다. AI의 장단점을 모두 아우르며 AI와 공존하는 것은 인류가 마주한 중요한 과제입니다. 전 세계, 국가 차원, 그리고 우리 개인의 문제로 앞으로도 계속 고민해 나가야만 합니다.

자, 이제 AI에 대해 어떻게 생각하나요?

두 사람은 생성형 AI에 대해 어떻게 느꼈니?

순식간에 글도 쓰고
숙제 아이디어도 줄 수 있다니, 엄청나요!

AI가 틀린 대답도 하고 나쁜 점도 있다니
의외였어요.

히히, 아직은 부족한 점도 많아….

그렇지. 생성형 AI의 답변에 만족하지 말고,
생각의 출발점이나 아이디어를 끌어내는 도구로
생각하면 좋겠구나.

생각해 보기

여러분은 이 책을 읽으며, AI에 대해 어떻게
생각하게 되었나요? 실제로 사용해 보고 생각해 보세요.

여러 가지 생성형 AI 서비스

- 이 책에서 다룬 생성형 AI 서비스를 비롯한 여러 가지 무료 서비스를 정리했습니다. QR코드를 스캔하여 서비스 사이트로 이동할 수 있습니다.
- 연령 제한 등의 가이드라인은 서비스에 따라 다릅니다. 각 웹사이트에서 확인한 후, 가이드라인을 준수하여 이용하세요.
- QR코드에서 웹사이트로 이동하려면 인터넷에 연결된 환경이 필요합니다.

텍스트

서비스명	환경	특징과 장점	QR코드
ChatGPT (챗지피티)	웹브라우저	문장 요약, 소설 창작 등에 활용할 수 있어요. 질문을 여러 번 반복하며 대화 속에서 답을 끌어 내 봅시다.	
Copilot (코파일럿)	웹브라우저	마이크로소프트가 개발한 AI 서비스로, 질문에 답하며 창의적인 아이디어를 제공하고 생산성을 높이는 데 도움을 줍니다.	
Gemini (제미나이)	웹브라우저	문장, 이미지, 음성 등을 동시에 이해하고 생성할 수 있습니다. 이미지를 이해하는 능력이 뛰어나서, 문장과 이미지가 섞인 내용도 잘 요약해 줍니다. 구글 Docs 등과 연동됩니다.	
Wrtn.ai (뤼튼)	웹브라우저	개인화된 AI 대화 경험과 함께 20가지가 넘는 전문적인 글쓰기 도구를 제공합니다. 창작 및 업무 생산성 향상에 도움을 줍니다.	

이미지

서비스명	환경	특징과 장점	QR코드
Image Creator (이미지 크리에이터)	웹브라우저	DALL-E3를 기반으로 합니다. 만들고 싶은 이미지에 대한 설명을 텍스트로 입력하면, 내용에 맞는 이미지를 4장까지 생성할 수 있습니다.	
Stable Diffusion Online (스테이블 디퓨전 온라인)	웹브라우저	이메일 주소로 사이트에 로그인하면, 누구나 쉽게 이용할 수 있습니다. 스타일을 선택하고 텍스트 설명을 입력하면, 이미지를 바로 생성할 수 있습니다.	
AI일러스트야	스마트폰 앱	무료 소재 사이트인 일러스트야 스타일의 이미지를 생성할 수 있습니다. 20메가까지 생성할 수 있으며, 다른 사람이 생성한 이미지도 다운로드할 수 있습니다. 일본어와 영어를 지원합니다.	

음악·음성

서비스명	환경	특징과 장점	QR코드
Suno AI	웹브라우저	생성된 곡에 가사를 추가하거나, 그 가사에 멜로디를 붙일 수 있습니다. 지시문을 입력하면, 음악을 만들어 줍니다. 3.5 버전은 최대 4분 길이의 곡을 만들 수 있습니다.	
Amadeus Topline	스마트폰 앱	기존 곡의 멜로디와 가사를 분석해, 새로운 곡을 자동 생성해 주는 작곡 앱입니다. 멜로디를 생성하고 자유롭게 바꿀 수 있습니다.	

동영상

서비스명	환경	특징과 장점	QR코드
Sora	웹브라우저	ChatGPT를 개발한 OpenAI의 동영상 생성 서비스입니다. 실제로 존재하는 도시 풍경을 반영할 수 있고, 풍부한 카메라 워크를 지원하는 등 고도의 기술들이 집약되어 있습니다.	
Emu Video	웹브라우저	Facebook과 Instagram으로 알려진 Meta사의 동영상 생성 서비스입니다. 지시문을 바탕으로 이미지를 생성하고, 그 이미지로 짧은 동영상을 생성하는 2단계 프로세스입니다.	
FlexClip	웹브라우저	사용하기 쉬운 템플릿과 효과, BGM 등이 풍부하게 갖춰져 있습니다. 지시문이나 나레이션용 대본을 입력하면 최대 10분 분량의 영상을 만들 수 있습니다.	
Runway	웹브라우저/스마트폰 앱	지시문(영어 권장)이나 원본이 될 이미지, 또는 그 두 가지를 모두 입력하면 최대 16초 분량의 동영상을 생성하고 편집할 수 있습니다.	

Original Japanese title: OTONA MO KODOMO MO SHIRITAI SEISEI AI NO KYOSHITSU
supervised by Hideki Suzuki

초등 AI 백과

초판 1쇄 인쇄 2026년 1월 14일
초판 1쇄 발행 2026년 1월 30일

감수 스즈키 히데키
옮긴이 김성훈

대표 장선희 **총괄** 이영철
책임편집 최지수 **기획위원** 김혜선 **기획편집** 강교리, 조연곤
책임디자인 장혜미 **디자인** 이승은
마케팅 장동철, 박현우, 서세원, 이은진 **경영지원** 전선애

펴낸곳 서사원주니어 **출판등록** 제2023-000199호
주소 서울시 마포구 성암로330 DMC첨단산업센터 713호
전화 02-898-8778 **팩스** 02-6008-1673 **이메일** cr@seosawon.com

홈페이지 **인스타그램**

ISBN 979-11-6822-528-2 73500

서사원은 독자 여러분의 책에 관한 아이디어와 원고 투고를 설레는 마음으로 기다리고 있습니다.
책으로 엮기를 원하는 아이디어가 있는 분은 서사원 홈페이지의 '출간 문의'로 원고와 출간 기획서를 보내주세요.
고민을 멈추고 실행해보세요. 꿈이 이루어집니다.